PEDAGOGIA DA LIBERTAÇÃO EM PAULO FREIRE

Organização
Ana Maria Araújo Freire

Colaboração
Ivanilde Apoluceno
de Oliveira

PEDAGOGIA DA LIBERTAÇÃO EM PAULO FREIRE

Paulo Freire

5ª edição

Paz & Terra
Rio de Janeiro
2025

2001 – 1ª edição Fundação Editora Unesp
2017 – 1ª edição Editora Paz e Terra

Tradução de:
Klauss Brandini Gerhardt (KBG)
Diana de Souza Pereira (DSP)
Miriam Xavier de Oliveira (MXO)

Editora Paz e Terra Ltda.
Rua Argentina, 171, 3° andar – São Cristóvão
Rio de Janeiro, RJ – 20921-380
http://www.record.com.br

Texto revisado segundo o novo Acordo Ortográfico da Língua Portuguesa.

CIP-BRASIL. CATALOGAÇÃO NA PUBLICAÇÃO
SINDICATO NACIONAL DOS EDITORES DE LIVROS, RJ

P388 Pedagogia da libertação em Paulo
5ª ed. Freire/organização Ana Maria de Araújo Freire. – 5ª ed. – Rio de Janeiro: Paz e Terra, 2025.
432 p.; 21 cm.

ISBN 978-85-7753-436-4

1. Freire, Paulo, 1921-1997. 2. Educação – Filosofia. 3. Sociologia educacional. I. Freire, Ana Maria de Araújo.

CDD: 370.1
14-10402 CDU: 37.01

Impresso no Brasil
2025

A Paulo, meu marido, com o reconhecimento não somente meu, mas também de muita gente do mundo, de modo especial os(as) que participaram comigo neste livro, por sua engenhosidade criativa e crítica, por sua amorosidade como virtude ética e ontológica suprema dos seres humanos e por sua luta política ousada e destemida em prol da verdadeira libertação das pessoas, das nações e dos povos.

Nita

Ana Maria Araújo Freire

Sumário

Parte 3 — Criação da Cátedra Paulo Freire

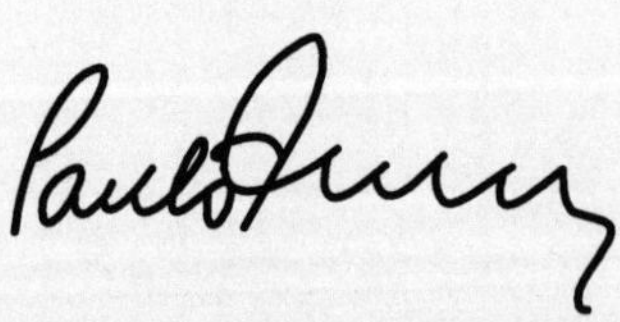

Pedagogia da libertação em Paulo Freire

Apresentação à 2ª edição

Nita
Ana Maria Araújo Freire

Esta obra é uma coletânea de textos de alguns dos mais importantes intelectuais estudiosos da "pedagogia da libertação" de Paulo Freire no mundo. A 1ª edição teve a intenção de socializar a Memória do Primeiro Curso da Cátedra Paulo Freire, da PUC-SP, em parte possibilitada pela doação de uma verba da Universidade Carl von Ossistzky, de Oldenburg, e por pessoas da comunidade dessa cidade da Alemanha, por ocasião da titulação de Doutor *Honoris Causa in Memoriam*, que eu mesma recebi em nome de meu marido, em 7 de julho de 1997.

Propus ouvir a voz dos intelectuais convidados a dar a sua palavra refletida-discutida-sentida, individualmente, cada um de *per se*, para compor este livro sobre a atualidade, a influência e a relevância da *Pedagogia do oprimido* de Paulo Freire. Este livro tinha sido o tema-conteúdo designado para o Primeiro Curso criado, em 1998, pelo Programa de Pós-Graduação em Educação: Currículo, da PUC-SP, para inaugurar a Cátedra Paulo Freire, do qual fui a primeira professora convidada. Ademais, este livro, que é fundamental para uma nova consciência crítica do mundo, estava completando 30 anos de sua publicação.

Esta coletânea foi publicada em 2001, mas todos os textos foram escritos entre 1999 e 2000, e nenhum deles teve alterações para esta edição, apenas algumas correções necessárias. Alguns textos foram excluídos e um novo, escrito em 2014, foi incluído por tratar-se, na verdade, de uma avaliação do ensino-aprendizagem na mencionada Cátedra e das pesquisas coordenadas por ela em torno da influência de Paulo Freire nas políticas públicas postas em prática em algumas regiões do Brasil. O título da nova edição perdeu o artigo inicial e passou a chamar-se *Pedagogia da libertação em Paulo Freire.*

Tenho certeza de que os leitores e leitoras irão gostar deste livro diante da qualidade e da diversidade das abordagens de seus textos. São reflexões apuradas, muito coerentes com os contextos culturais de quem as pensou e grafou. São contribuições de filósofos, teólogos, sociólogos, professores, arte-educadores, linguistas da Argentina, da Bélgica, do Brasil (inclusive de alunos e alunas desse Primeiro Curso), dos EUA, do Equador, da Espanha, do País Basco, da Noruega e, obviamente, da Alemanha. Estes textos de fato comprovam, são o testemunho das imensas possibilidades de recriação e de reinvenção da teoria e da práxis de Paulo Freire, através de diferentes *leituras de mundo*, que, contraditoriamente, convergem para o ponto fundamental — a compreensão ético-político-antropológico-educacional do pensamento humanista do educador brasileiro —, mesmo tendo partido de diferentes contextos culturais e históricos e de pessoas de formação acadêmica muito diferentes.

Este livro tem a pretensão/intenção de que ele e tantos outros livros e artigos que tratam a filosofia da educação de Paulo Freire, com seriedade ética, não deixem morrer suas ideias e a sua pessoa, tanto quanto estão fazendo isso as pesquisas de diversas Cátedras Paulo Freire, conferências, congressos, simpósios, seminários e fóruns sobre suas propostas epistemológicas e político-éticas que vêm, todos, ininterruptamente, sendo realizados nas mais diferentes partes do mundo, contribuindo para um mundo de mais amor e solidariedade.

É também importante reeditar este livro, hoje, sobre o pensamento e a práxis que Paulo nos legou com sua "pedagogia da oprimido", na sua "pedagogia da libertação", porque sua compreensão é mais necessária do que nunca à concretização da construção de um novo mundo menos violento, mais justo, mais ético, menos intolerante com as diferenças, todas as diferenças, enfatizo, portanto mais democrático, como Paulo sonhou. E ao qual dedicou todas as suas energias durante toda a sua VIDA!

Quero expressar o meu muito obrigada à comunidade e à Universidade de Oldenburg; à Pontifícia Universidade Católica de São Paulo, pela criação da Primeira Cátedra Paulo Freire em nível de pós-graduação; à Ivanilde Apoluceno de Oliveira por sua inestimável colaboração na feitura deste livro; àquelas e àqueles que escreveram os textos que o compõem e aos que, anônima e arduamente, trabalharam comigo e Ivanilde em sua organização e revisão contribuindo para que este livro se tornasse uma realidade a serviço de dias melhores e mais felizes para todos(as), sem discriminações de qualquer espécie.

São Paulo, junho de 2017.

PARTE 1

Olhares sobre a *Pedagogia do oprimido*

1

A *Pedagogia do oprimido*: clandestina e universal

Alípio Márcio Dias Casali

O primeiro contato que tive com um texto de Paulo Freire, lembro-me com clareza como foi. Era um trecho da *Pedagogia do oprimido,* uma apostila rodada em mimeógrafo. Ainda hoje me vem o cheiro forte do estêncil e da tinta preta da folha meio borrada, em cujo centro aparecia impresso em espanhol, com destaque de margem à esquerda, a célebre e impactante frase: "Ninguém educa ninguém; ninguém educa a si mesmo; os homens educam-se uns aos outros mediatizados pelo mundo". Em espanhol, sim, porque era esse o caminho costumeiro de muitos textos políticos clandestinos nos anos de chumbo grosso! Podiam vir do Chile (como vinha o de Freire), da Argentina, do Peru, do México, de Cuba.

Só algum tempo depois li o *Educação como prática da liberdade,* quando já disponível em boa edição, em português. Era o ano de 1973 e, no Ciclo Básico da PUC-SP, trazíamos Freire para estudos com os alunos. Mas, para multiplicar e distribuir esses textos, precisávamos, antes, desencapá-los, apagar a identificação do autor e estudá-los como se fossem anônimos. Em uma de minhas turmas, só identifiquei o autor do texto, Paulo Freire, depois que o tínhamos lido e discutido inteiramente. Até que ponto chegava nossa prudência... ou nossa paranoia! Os censores militares já estavam instalados dentro de nós.

Um dos temas centrais da *Pedagogia do oprimido*, o da igualdade como fundamento e condição da ação pedagógica libertadora, gerava acaloradas discussões. O ambiente de contestação antiautoritária empurrava muitos de nós a uma leitura romântico-anárquico-igualitária da célebre frase "Ninguém educa ninguém...".

Logo, porém, esse anarquismo pedagógico trazia embaraços: se professores e alunos são iguais no ponto de partida da ação pedagógica, o que, afinal, justifica a educação? Mais consequente seria deixar-se que cada um fosse o que fosse, que todos sejam o que são, que as interações e diálogos rolem livremente por toda parte, que cada um se eduque por si pelo mundo, pois a educação nem mais poderia estar presente apenas na escola. Aliás, a educação parecia estar mesmo cada vez menos na escola, e cada vez mais em salões paroquiais, em galpões dos centros de cultura, nas sombras. Sem falar da rede informatizada educativa a que Ivan Illich se referia, que resolveria, em um só golpe, todos esses problemas acumulados de falta de acesso ao saber.

A escola aparecia cada vez mais como o lugar da reprodução da ideologia e do autoritarismo dominantes. Com efeito, não faltavam motivos para justificar essa tese. Assim, alguns colegas, levando a um extremo fundamentalista o enunciado freireano do "ninguém educa ninguém", recusavam-se a preparar suas aulas, alegando que seria autoritarismo chegar a uma sala com conteúdos e procedimentos didáticos previamente escolhidos. Tal fundamentalismo, no limite, inviabilizaria a ação pedagógica.

Foi preciso um certo tempo para que nos déssemos conta com mais clareza do conteúdo propriamente ético-cívico dessa igualdade, afirmada como condição da educação, e de quanto essa igualdade cívica não anulava a indispensável desigualdade epistemológica que, afinal, justifica toda ação pedagógica. Aos poucos, as posições românticas, por um lado, e a severidade das críticas contra o suposto idealismo de Freire, por outro, foram se atenuando, a ponto de, hoje, essa polêmica não fazer mais sentido. O próprio Freire, inúmeras vezes questionado acerca dessa questão, marcou com clareza sua posição: não se pode confundir desigualdade ético-cívica com desigualdade pedagógica.

A questão em si continua ainda hoje, porém, a fazer sentido. Uma nova névoa ideológica veio trazer outras inquietações sobre o tema. Refiro-me ao extraordinário e acelerado desenvolvimento das novas tecnologias da informação e das possibilidades pedagógicas de seu uso. Fala-se, não sem razão, da sociedade do conhecimento. O conhecimento acumulado pela humanidade, já há muito tempo tornado disponível ao público em nichos culturais locais (esta biblioteca, aquele museu), está se tornando agora completamente público, disponibilizado na rede planetária de informações, a *internet*.

Fala-se que essa democratização radical do conhecimento anulou definitivamente as diferenças pedagógicas entre os seres humanos: hoje, qualquer pessoa, independentemente de inscrição e seleção prévia, pode circular pela grande escola aberta do ciberespaço. O sonho de Ivan Illich estaria se realizando. Não poucos entusiastas por essas novas tecnologias do conhecimento vêm afirmando que por esse caminho está se realizando, definitivamente, a revolução democrática do saber e, com isso, aquela crença romântica atribuída a Freire.

Não se deve desdenhar, com efeito, essa fantástica potencialidade de acesso ao saber que as novas tecnologias proporcionam à nossa e às gerações futuras. De fato, é extraordinário o efeito equalizador que o acesso à rede proporciona. Ressalte-se, especialmente, o efeito psicológico de engrandecimento que se produz no usuário dessas tecnologias: é suficiente para fazer decolar sua autoestima pedagógica e estimular desenvolvimentos ilimitados.

Não é difícil imaginar o resultado cultural coletivo desse fenômeno. Entretanto, uma euforia acrítica a esse respeito pode arrastar consigo um novo messianismo romântico e encobrir uma das mais perversas elaborações ideológicas deste fim de século e de milênio: a da equalização ilusória da humanidade em decorrência da equalização potencial de um grupo de indivíduos em uma parcela de suas vidas no ciberespaço.

Em um estimulante diálogo, Paulo Freire e Seymour Papert debateram esse tema nos estúdios da TV-PUC-SP, em fins de 1995. Papert, considerado "o papa das novas tecnologias educacionais", embora sem arroubos românticos, afirmava sua convicção na oportunidade de democratização do saber contida nessas novas tecnologias. Freire, embora sem azedumes críticos, reafirmava sua convicção acerca das ilusões produzidas por essa nova cultura tecnológica, da qual uma significativa parcela dos "oprimidos" fica (e tende a permanecer) de fora. Sustentava que as novas tecnologias até podem estender novas oportunidades a uma parcela dos oprimidos, mas nunca as estenderão a todos e, além disso, por si só, nada podem fazer para estancar a multiplicação desses excluídos. Para estes, é claro, o que vier a ser disponibilizado como acesso aos saberes será bem-vindo, já veio tarde, e não passa de um direito elementar.

O oprimido de hoje, excluído do acesso aos saberes das culturas dominantes, apresentar-se-á com o mesmo perfil que Paulo Freire descreveu na *Pedagogia do oprimido,* com alguns traços ainda mais acentuados. Como cidadãos, cuja cidadania, entretanto, ainda não se realiza em toda a sua potencialidade e direito, são iguais a qualquer outro, mesmo ao(à) seu(sua) educador(a).

O fato de a maior parte de seus direitos serem *de iure* e não *de facto* (com o perdão pela redundância), não lhes anula o direito *de facto* de terem acesso aos saberes. Muito pelo contrário, o simples bom senso já permite constatar, por exemplo, o quanto das riquezas culturais específicas dos diversos grupos de "oprimidos" foi velada, esquecida. E o quanto, cada vez mais, elas se revelam no seu inestimável valor próprio e, em igual medida, em seu valor exemplar para as culturas dominantes "opressoras", não obstante o fato de que essa revelação tenha servido frequentemente para converter tais culturas oprimidas em mercadoria estética de alto valor no mercado e baixo ou nulo retorno econômico aos seus verdadeiros produtores.

Como cidadãos, portanto, e produtores de cultura (com superioridades culturais específicas diante das culturas dominantes), os oprimidos são iguais. E, culturalmente falando, podem ter algo a mais que seus próprios educadores. Como aprendizes da cultura dominante, têm algo a menos que eles. É essa desigualdade cultural que fundamenta a ação pedagógica recíproca entre educadores e educandos. Tal afirmação, marcadamente freireana, evoca também o célebre mote de Gramsci, segundo o qual, sem dominar o que os dominantes dominam, os dominados jamais superarão sua condição de dominados.

A *Pedagogia do oprimido*, portanto, realiza um paradoxo histórico. É um texto fortemente conjuntural que se tornou universal. Textos produzidos em contextos de forte efervescência política local/nacional costumam ser inevitavelmente tão identificados com seu ambiente político que, em geral, caem facilmente em desuso e perdem o vigor tão logo se altere tal conjuntura ou se anule sua clandestinidade. Esse livro de Paulo Freire, entretanto, realiza uma proeza histórica: permanece um livro histórico, não apenas por seu vigor de época, mas também e sobretudo por seu vigor que ultrapassa fronteiras culturais locais, nacionais, regionais. Ele alcançou uma universalidade que, afinal, é o que dá sentido a toda educação, mormente à educação do oprimido quando se lhe permite o acesso democrático aos bens universais. Com toda sua igualdade de direito e com todas as suas diferenças culturais.

2

Sobre a *Pedagogia do oprimido*

Ana Mae Barbosa

A *Pedagogia do oprimido* é filosofia, sociologia, educação e, sobretudo, um tratado de epistemologia. É um livro nascido da luta empreendida por seu autor para dar aos indivíduos de todas as classes sociais o direito de serem sujeitos de seu próprio processo de conhecimento e para despertar, nesses indivíduos, o interesse, a agudeza e a coragem necessários a fim de participarem do processo de transformação de suas sociedades. A consciência da prática gerou a teoria que permeia a *Pedagogia do oprimido.*

Desde o início de sua vida de professor no SESI de Recife, na Escola de Belas-Artes e, depois, na Faculdade de Educação da Universidade de Pernambuco, a preocupação de Paulo Freire era aliar a clareza de conteúdos aos meios que possibilitassem ao seu aluno "dizer suas próprias palavras para nomear o mundo".

Sou hoje uma das poucas pessoas que teve o privilégio de despertar para o mundo intelectual por meio das aulas de Português de Paulo Freire, aprendendo todas as noções de gramática para passar num exame de ingresso à carreira de magistério primário e, ao mesmo tempo, descobrir a mim mesma e às minhas circunstâncias históricas.

Fui sujeito da *pedagogia em favor do oprimido* de todas as classes sociais e de todos os gêneros, praticada por Paulo Freire, e, mais tarde, fui testemunha da influência que essa pedagogia transformada em teoria operou nas universidades americanas, africanas, inglesas e europeias em geral.

Quando ingressei, em 1977, no programa de doutorado na Faculdade de Educação da Universidade de Boston, dois cursos sobre a *Pedagogia do oprimido* estavam sendo ministrados. Foi inimaginável a minha aventura emocional e cognitiva ao ter como objeto de estudo o próprio processo libertador que me havia resgatado dos modelos bancários de operação mental.

Paulo Freire, Jonathan Kozol e Ivan Illich eram os grandes heróis da educação naquela época. Os outros foram esquecidos, mas Freire continua, especialmente pela *Pedagogia do oprimido,* a servir de base para os dois movimentos mais significativos na teoria da educação hoje: a pedagogia crítica e a pedagogia cultural, inspiradas em seu conceito de *conscientização* e no conceito de *experiência,* de John Dewey, parentes epistemológicos.

Escrito em um período de acerbada crítica educacional, o livro *Pedagogia do oprimido* foi a resposta convincente para os movimentos reivindicatórios dos estudantes do mundo desenvolvido, operando-se uma curiosa contradição: o educador do mundo subdesenvolvido, com suas teorias construídas na prática da pobreza do terceiro mundo, sendo válvula propulsora da libertação do mundo desenvolvido.

As contradições sempre foram, porém, o alimento do pensamento crítico de Paulo Freire. A *Pedagogia do oprimido* é pedagogia do "reconhecimento" cultural e, sobretudo, é a pedagogia do pensamento crítico contextualizado.

3

A *Pedagogia do oprimido* como parte da "pedagogia do oprimido" de Paulo Freire

Ana Maria Araújo Freire

A obra mais famosa de Paulo Freire, meu marido, é, sem margem de dúvida, a *Pedagogia do oprimido* (1970), que por sua radicalidade, engajamento e compromisso ético-político-educativo é, ninguém pode negar, uma das mais importantes como referência para educadores, filósofos e cientistas dos mais diferentes ramos, níveis e matizes de culturas diversas do mundo. É sua identidade como educador-político ou político-educador da libertação.

Pedagogia do oprimido, entretanto, não deve e não pode ser entendido como um trabalho único ou isolado de Paulo Freire na literatura pedagógica mundial como, infelizmente, muito se faz. Nem se pode isolá-lo dentro da própria obra freireana, negando a extensão e o aperfeiçoamento de sua teoria do conhecimento, o que seria ainda pior.

Esse livro é, estou certa, o marco mais importante da compreensão político-pedagógica da educação universal do século XX, mas, se não o entendermos por uma perspectiva mais ampla, podemos certamente incorrer num reducionismo simplista. Corremos o risco de amesquinhá-lo, tirando-lhe sua grandeza e importância, até mesmo e contraditoriamente pelo que ele tem de incompletude.

Fechando-nos no livro *Pedagogia do oprimido*, perdemos a "pedagogia do oprimido" que Freire criou no curso de sua longa e profícua vida intelectual. Esta, inegavelmente, mais do que aquela, pode nos abrir um espectro maior de possibilidades de *lermos* o *mundo*. Aquele sendo, na verdade, parte desta, ambos têm uma mesma matriz: a coerência existencial; a opção política clara e explícita a favor dos oprimidos e das oprimidas; a compreensão sentida e discernida da necessidade do aprofundamento e atualização de sua obra diante da historicidade e da cultura humanas.

Nasceram, o livro e a obra, como um todo. Foram criados com base em sua experiência de vida desde quando, muito menino, esteve preocupado com os problemas de sua família, empobrecida com o *crack* financeiro internacional de 1929-1930, e com as injustiças que presenciava ao seu redor. Mais tarde, vem somar-se sua atividade como docente em escolas secundárias[1] e, sobretudo, sua vivência de educador, compartilhada com os trabalhadores urbanos, rurais e pesqueiros de Pernambuco.[2] Posteriormente, sua experiência inclui o exílio e a "andarilhagem" pelo mundo,

1. A escola secundária onde Paulo Freire se iniciou no magistério da "Língua Portuguesa" foi o Colégio Oswaldo Cruz, do Recife, onde tinha feito também o seu curso secundário, diante da compreensão humanista de seu proprietário, Aluízio Pessoa de Araújo, meu pai. Ver em *Pedagogia da esperança* (1992), sobretudo a p. 15 do texto do próprio Freire e as notas 2, 4 e 20, elaboradas por mim especialmente para esse livro de Freire.
2. Atuou no Serviço Social da Indústria (SESI). Ver em *Cartas a Cristina* (1974) a 11ª carta do próprio Freire, e em *Pedagogia da esperança* (1992), sobretudo as páginas 15 e 16 do texto e a nota 5, por mim elaborada.

o "reaprender o meu país", como proclamou no primeiro momento em que retornou ao Brasil, em 1979.

Paulo escutava[3] a tudo e a todos para aprender-ensinar, para sistematizar um pensamento novo na educação e interferir na vida político-social. Não se conformava com o que se pensava, se dizia e se praticava no âmbito educativo e na sociedade em geral. Entendeu, desde cedo, que de nada valia derramar discursos sobre educandos e educandas, fazer "bancarismo" com as consciências.

Criou, assim, com base em sua curiosidade e criatividade, essa pedagogia plena de possibilidades de libertação, por sua sensibilidade aberta, desprendida e cúmplice com os oprimidos e oprimidas (entre os quais incluem-se também os educandos e as educandas), diante do autoritarismo elitista, discriminador e avassalador dos dominantes-opressores. Sua pedagogia nasce também inspirada em sua sabedoria de entender e enfrentar os problemas da realidade; de seu poder de desvelar com singularidade as coisas óbvias do cotidiano; de sua valorização ao senso comum como ponto de partida para o conhecimento político-científico-filosófico, e de sua fé, respeito e crença nos seres humanos, demonstrados pelo modo generoso, tolerante e amoroso com o qual se dedicou, por toda a sua vida de adulto, aos homens e mulheres do mundo.

A "pedagogia do oprimido" traduz a leitura de mundo de Paulo Freire, carregada da paixão pela vida, dialeticamente relacionando emoção e razão, teoria e prática, explicitadas por meio da indignação e do amor, da denúncia e da espe-

---

3. Venho afirmando que o ato de *escutar*, em Freire, supera o ato de ouvir. Vai além deste, pois incorpora, ao ouvir, o sentir, o refletir e o sistematizar o que ele ouve.

rança, dos limites e da liberdade, da ética e da estética, da "palavração" e da práxis. É a sua identidade maior, profunda, plena e vibrante. Enfim, a "pedagogia do oprimido", como um todo, e não só a *Pedagogia do oprimido,* é a síntese da vida de Paulo Freire, de seu modo de viver e entender o mundo.[4]

Da *Extensão ou comunicação?* à *Pedagogia da autonomia;* das *Cartas à Guiné-Bissau* às *Cartas a Cristina;* da *Ação cultural para a liberdade* ao *Política e educação;* da *Pedagogia da pergunta* ao *Professora, sim; tia, não;* da *Educação como prática da liberdade* à *À sombra desta mangueira;* da *Importância do ato de ler* à *Pedagogia da esperança;* do *Medo e ousadia* à

---

4. Um dos primeiros registros que é preciso destacar sobre essa educação revolucionária, sobre essa pedagogia problematizadora e libertadora que Paulo Freire concebeu, é o pouco conhecido e divulgado Relatório do Tema 3, elaborado por ele em nome do grupo de educadores que representou Pernambuco no II Congresso Nacional de Educação de Adultos e Adolescentes. Realizado em 1956, no Rio de Janeiro, na gestão Juscelino Kubitschek, por convocação de seu Ministro da Educação (ver nota 46 da *Pedagogia da esperança,* 1992), esse trabalho sobre a educação de adultos, de concepção pedagógica absolutamente inédita no mundo, teve continuidade e aprofundamento na sua tese para obtenção do título de Doutor e Livre-Docente, pela então Universidade do Recife. *Educação e atualidade brasileira* (1959) foi reelaborada quando Freire já estava no Chile, tendo sido publicada como livro sob o título *Educação como prática da liberdade* (1996).

As experiências nos programas de alfabetização do Nordeste e, depois, em âmbito nacional (P. N. A.), durante o governo Goulart (ver notas 7 e 50 de *Pedagogia da esperança,* 1992), por meio de seu método, nos anos 1960, e o exílio no exterior (ver nota 7 de *Pedagogia da esperança,* 1992) radicalizam suas reflexões e práticas anteriores. Assim é que, já morando no Chile, Paulo Freire escreveu a *Pedagogia do oprimido.* Novamente, Freire marcou um divisor de águas na pedagogia. Agora, com uma concepção mais ampla do ato de educar: *denunciando* a então *compreensão e práticas bancárias* da educação, no seio da sociedade como um todo, e *anunciando* a possibilidade de uma sociedade na qual a educação e a própria sociedade se construam *problematizando para libertar.*

Pedagogia da indignação — Paulo Freire não se distanciou, antes completou a *Pedagogia do oprimido.*

Esse vasto e radical percurso político-epistemológico e ético-educativo de Paulo, o qual se concretiza na "pedagogia do oprimido", é o resultado do constante aprofundamento dos temas tratados, da reelaboração desses temas diante de suas preocupações com as novas problemáticas históricas dos seres humanos.

Algumas vezes elucidando dúvidas ou apontando contestações indevidas à sua teoria, ou até negando acusações epistemológicas ou políticas distorcidas por ingenuidade ou má-fé, revendo-se continuadamente, Paulo Freire nos ofereceu subsídios para transformarmos o mundo. O mundo, não cansou de dizer, pode e precisa ser mais justo, mais bonito e mais democrático.

Paulo sabia, com senso crítico e realista, que essa é uma tarefa difícil, mas possível de ser realizada. Morreu lutando até os seus últimos dias pelo que julgava ser importante: possibilitar a utopia esperançosa de fazer de cada um dos homens e mulheres um *ser-mais.*

Quero enfatizar que a "pedagogia do oprimido" não representou na vida de Paulo Freire apenas um conjunto de trabalhos científicos, políticos, filosóficos ou pedagógicos, bela e corretamente construídos e escritos. Não a compôs para descrever e/ou prescrever o *como* fazer. Sua preocupação era ir à substantividade das coisas e dos fenômenos, perguntar, indagar, duvidar das certezas epistemológicas, histórica e ideologicamente consagradas, prontas e "imutáveis". Incentivava questionar sempre: *Por quê? Contra quê? Contra quem? A favor de que e de quem?*

Essas são perguntas que ele sempre formulava a si mesmo e incitava a que fossem feitas por todos(as) a si próprios, pois sabia que provocariam respostas mais críticas. Perguntas são parte fundamental do processo cognitivo, que podem resultar na consciência crítica, no conhecimento mais adequado e verdadeiro. Perguntas que despertam a *curiosidade epistemológica*. Respostas políticas são necessárias às transformações do mundo.

A "pedagogia do oprimido", de Paulo Freire, foi sua criação. Foi, portanto, sua liberdade e seu próprio limite de *ler o mundo* historicamente e de nele agir. Assim, não ficou preso à sua obra mais famosa. Superou-a, ao superar-se como pessoa e como intelectual, mediante o aperfeiçoamento deliberado de suas virtudes pessoais, do retrabalho constante e ininterrupto de toda a sua obra, bem como da atualização de sua práxis nos mais diferentes trabalhos que exerceu.

Sua atitude não poderia ter sido diferente. Com a coerência que lhe era característica, acreditando na história e na inconclusão humana e, portanto, na esperança e na dinamicidade de homens e mulheres, Paulo não poderia se permitir, por seu próprio modo de ser perante o mundo, estar estaticamente nele. Do mesmo modo, não aceitava para si discursos dicotomizados da prática de vida ou apartados do sentir as emoções e de ler acriticamente o mundo ou, ainda, de estar simplesmente nele. Exigia para si a atualização permanente, para, estando *com o mundo,* inserir-se e dialeticamente transformá-lo. Daí, volto a repetir, a revisão constante de sua postura e de sua própria obra a que se autodeterminou. Com isso, superou as possibilidades de lhe outorgarem a pecha de pensador moderno. Considerava-se um pensador pós-modernamente progressista.

A capacidade epistemológica de Paulo Freire estava, em grande parte, em confiar, em acreditar no outro e na outra, na sua antropologicidade ética, na fé irrestrita no poder de decisão, de assunção da liberdade pelas pessoas, e na esperança como parte inseparável da possibilidade do *estar-sendo* dos homens e mulheres no mundo, independentemente de nível intelectual, religioso, de gênero, de condição social, etnia ou idade. Há em Paulo uma intuição inteligente, uma percepção crítica, uma curiosidade de observação e uma capacidade quase profética, visionária, de se antecipar no tempo.[5]

---

5. Esse aspecto pode ser exemplificado pelo seguinte fato histórico: com a fundação do Partido Comunista no Brasil, em 1922, os líderes comprometidos com as legítimas reivindicações dos trabalhadores lutavam para estabelecer leis que lhes protegessem diante da então total exploração do trabalho de homens, de mulheres e até de crianças, com a conivência do poder estatal. Empenhando-se na organização operária em agremiações de *classe-para-si*, geralmente por meio de greves e marchas públicas, as quais, portanto, negavam a simples *classe-em-si* do operariado, partiam para a então União Soviética. Lá recebiam sua formação político-sindical, cuja base era o materialismo histórico. Esse caminho era entendido como o único capaz de atender às necessidades, às aspirações e aos anseios das classes obreiras brasileiras. Geralmente, após uns quatro anos de estudos da língua russa e mais um tempo equivalente de formação marxista, estavam "prontos" para voltar ao Brasil. Deparavam-se, então, com uma realidade diferente da que tinham conhecido muitos anos antes, e absolutamente diversa daquela que lhes tinham ensinado que deveria ser, ortodoxa e sectariamente. Assim, alienados na fria, distante e isolada Rússia, restavam-lhes o idealismo filosófico de interpretar o mundo e a difícil constatação que de nada ou quase nada lhes tinham servido aqueles longos anos distantes da família e da realidade onde deveriam atuar. Essa constatação não se fazia, como podemos imaginar, sem grandes sofrimentos diante dos conflitos instalados, quer em nível pessoal, quer em nível do trabalho sindical e político mais amplo, aos quais se juntavam as violentas perseguições policiais brasileiras. Pois bem, Freire, sem ter deliberado estar contra o que faziam esses obstinados e abnegados homens, com a intenção de libertação dos oprimidos(as), expôs uma nova proposta para os nossos problemas, após reflexões rigorosas e sistemáticas diante da obviedade das coisas. Pensou com base no simples, no cotidiano das pessoas comuns, no que eles e elas lhe diziam, na observação das situações concretas e nas fraquezas e possibilidades humanas. Estudou e interpretou os pensamentos teóricos dos filósofos e dos educadores divulgados na época. Recriou-os com o seu saber autenticamente recifense dentro de seus *sonhos utópicos* genuinamente humanistas.

A "pedagogia do oprimido" de Paulo Freire pôde dar possibilidades de subsidiar novas experiências em favor dos oprimidos(as), não só as brasileiras, até então conhecidas, mas as do mundo. Ela uniu, como ato indissolúvel — que na realidade o é — a questão política com o ato pedagógico. Proclamou, portanto, a dialeticidade na politicidade do ato de educar. Possibilitou atender não só às reivindicações de classe, mas às de todos(as) que, não tendo voz, precisam escolarizar-se, educar-se. Mostrou-nos, sobretudo, a possibilidade de construirmos uma sociedade mais solidária e justa, democrática, enfim, na qual todos e todas podem, em comunhão, se fazer cidadão por inteiro.

Paulo Freire acreditou, portanto, na educação, seja como processo necessário para a aquisição do conhecimento filosófico-científico — já existente ou a ser criado —, seja como caminho mais adequado para a apropriação da cultura que pode viabilizar ações para a libertação. Acreditou na educação-cultura-ações dialeticamente se relacionando nas reflexões/práxis transformadoras. Por isso, debruçou-se sobre reflexões em torno da relação subjetividade-objetividade, dando nova compreensão à questão da subjetividade, não só por tê-la reafirmado na sua plenitude (em oposição aos marxistas ortodoxos), mas por tê-la explicitado na sua dimensão mais complexa, plural e realmente humana. Enfim, criou dentro da dinâmica psicossocial e histórico-cultural uma epistemologia substantivamente ética, antropológica, política, educacional, dialógica, problematizadora e libertadora.

Finalizando, quero enfatizar o que venho afirmando: não há vários Paulos Freires. Há um só, em constante vigilância com a historicidade humana, mesmo com a sua própria. Paulo explicitou a dignidade e a existência humanas, como nunca antes fora explicitado por ninguém, na sua obra mais conhecida e merecidamente exaltada: a *Pedagogia do oprimido*. Esta obra não se esgotou em si própria. Ela foi *uma* resposta ao que ele vinha vivendo e pensando antes de sua criação. Foi também um ponto de partida para toda uma obra que se prolongou e se aprofundou ao longo de toda a sua vida.

Pedagogia do oprimido é, sim, uma parte substantiva, um dos pontos fundamentais da obra de Paulo Freire, porque nela ele expôs pela primeira vez na literatura pedagógica, como parte intrínseca à educação, as questões de injustiça, sofrimento e as condições de submissão dos oprimidos e das oprimidas de todo o mundo. Foi além, ao apontar as possibilidades de superação dessas distorções criadas por nós mesmos, homens e mulheres, com nossa antieticidade. Resgatou a politicidade da educação.

Concluo afirmando que, tendo sido esta o *leitmotif* da vida de Paulo Freire, é a "pedagogia do oprimido" que dá a verdadeira *unidade* a toda a sua *obra,* em coerência e comunhão com toda a sua *vida.*

4

Pedagogia do oprimido: um projeto coletivo

Balduíno Antonio Andreola

Pedagogia do oprimido não significa apenas um livro, o mais importante de Paulo Freire. Parece-me correto afirmar que os escritos de Freire que o precederam e aqueles que o seguiram representam antecipações ou então explicitações e desdobramentos dessa obra. A ação político-pedagógica freireana, ao longo de toda a sua trajetória, traz a marca unificadora dessa grande utopia concreta que é a construção coletiva de uma "pedagogia dos oprimidos". Ouso ir além no meu raciocínio, dizendo que a *Pedagogia do oprimido* já não pertence mais a Paulo Freire, porque se transformou em um grande projeto coletivo, repensado, recriado e reconstruído continuamente, por milhares de educadores, por milhares de pessoas, em todos os quadrantes da terra, em escolas, universidades, movimentos sociais e organizações comunitárias.

Essa minha hipótese, baseada na ampla difusão da obra de Freire, é confirmada por uma intencionalidade expressa no próprio projeto freireano. Na apresentação do livro

Vivendo e aprendendo, Freire e os colegas do Idac, Rosiska, Miguel e Claudius, escreveram: "O quadro de referência de nossa ação político-pedagógica foi a tentativa de viver e construir, em cada situação concreta, uma pedagogia do oprimido...".[6]

Sem a visão dessa perspectiva radical e unitária, que ilumina toda a obra de Freire, é impossível sua compreensão adequada. A leitura dos diferentes livros de Paulo Freire, dissociada dessa ótica do projeto utópico globalizante de uma "pedagogia política do oprimido", conduzirá o leitor a uma hermenêutica parcializante e reducionista, que esvaziará inevitavelmente os escritos freireanos de seu sentido fundamental.

Nesse horizonte amplo de uma "pedagogia do oprimido" como utopia coletiva de libertação, cabe salientar também a irradiação do pensamento freireano em outras obras de grande alcance, como a *Filosofia da libertação,* a *Teologia da libertação,* de Gustavo Gutierrez, o *Teatro do oprimido,* de Augusto Boal, e a *Psicoterapia do oprimido,* de Alfredo Moffatt.

Ao mesmo tempo que Freire influenciou tais obras, como é expressamente reconhecido pelos diferentes autores, na sua paixão permanente pela aprendizagem dialógica, ele alimentou seu pensamento e sua ação numa interlocução fecunda com esses campos da teoria e da prática comprometidas com o processo da libertação. Nessa linha de reflexão, permito-me ir mais longe. Freire

6. C. Ceccon, R. D. Oliveira, M. D. Oliveira, *Vivendo e aprendendo.* Experiências do Idac em educação popular. São Paulo: Brasiliense, 1980, p. 9.

nunca reivindicou para si a exclusividade de um projeto político-pedagógico de libertação. Numerosos líderes intelectuais, políticos e religiosos de nosso século, reconhecidos acima de tudo como eminentes educadores da humanidade, consagraram suas vidas à construção coletiva de um projeto histórico mais humano e solidário de sociedade. Eu situaria, assim, a "pedagogia do oprimido" em uma constelação que denomino "pedagogia das grandes convergências". A obra de Freire, essencialmente dialógica, se enriquece nas aproximações e interlocuções com outros autores comprometidos com a construção de uma humanidade solidária.

Pessoalmente, realizei em minha tese de doutorado uma aproximação crítica entre as obras de Paulo Freire e as de Emmanuel Mounier. Ao defendê-la, no dia 13 de maio de 1985, na Bélgica, iniciei minha exposição com essas palavras:

> Hoje, no meu país, é a data oficial da abolição da escravatura. Eu disse "oficial", porque para a verdadeira abolição de todas as formas de escravidão, no Brasil e no mundo, resta-nos um longo caminho a andar. Para este empreendimento, os dois pensadores que estudei em minha tese, Emmanuel Mounier e Paulo Freire, deram com suas obras contribuição da maior importância.

No primeiro semestre de 1999, coordenei, na UFRGS e na UFPEL, dois seminários intitulados: *Hegel, Fanon e Freire — a questão da consciência*. Mesmo entre os estudiosos de Freire, é quase total o silêncio sobre as afinidades da *Pedagogia do oprimido* com *Os condenados da terra*, de Frantz Fanon, como, aliás, sobre as relações de Freire com a África e com os grandes líderes intelectuais e políticos da revolução africana. Sem delongar-me, julgo oportuno enfatizar a importância de explicitar, na linha da teoria e da ação, as afinidades, convergências e complementaridades de Freire com as obras de outros mestres, de nosso século, comprometidos com a transformação. Permito-me elencar alguns, apenas a título de ilustração: Gandhi, Luther King, João XXIII, Teillard de Chardin, Lebret, Mounier, Frantz Fanon, Dom Helder, Mandela, Simone Weil, Téovedjré, Che Guevara, Teresa de Calcutá, Ivan Illich, Dalai Lama, Garaudy, Fritjof Capra, Betinho, Ricoeur, Pierre Weil, Leonardo Boff.

A energia político-profética que irradia de tantos mestres incomparáveis nos mostra que vale a pena lutar por uma nova utopia histórica. Suas vozes, e a de Freire, não se calaram.

O filósofo argentino Gustavo Cirigliano, impressionado com a leitura do livro *Pedagogia da esperança*, fez na revista da OEA, *La Educación* (n.120, 1995), uma análise da trajetória de Freire com base em um paradigma temporal tripartido:

- o "pré-tempo" (período "auroral");
- o "contra-tempo" (repressão);
- o "des-tempo" (a assincronia do "não-mais-tempo").

Segundo Cirigliano, essa assincronia atinge a maioria dos que voltam dos "exílios". Quanto a Freire, porém, ele afirma enfaticamente: "*Y sostengo que Paulo Freire ha quebrado el tiempo del destiempo porque no ha perdido la palabra. Y eso es una hazaña en nuestro continente.*"

O detalhe — *"eso es una hazaña en nuestro continente"* — é confirmado pelos inumeráveis intelectuais que, segundo James Petras, *"empezaran revolucionarios y ahora ... arrepentidos"*, batem "em retirada".

Chega-se a se perguntar se determinados ímpetos revolucionários não tinham a ver muito mais com Freud do que com Marx, representando reprises de revoltas edipianas não resolvidas ou, então, um grande jogo de cena de vaidades pessoais, em tempos em que era chique ser revolucionário. Hoje, rende mais "ibope" aderir à onda pós-moderna, neoliberal e neossocial-democrata ou ao delírio da *internet* e da globalização hegemônica.

Freire nunca aderiu e, por isso mesmo, *"no perdió la palabra"*. Sua palavra ou "palavração", síntese dialética entre teoria e ação político-pedagógica, continua viva, como desafio para todos nós comprometidos com uma "pedagogia do oprimido", não apenas como livro a ler, mas, sobretudo, como projeto coletivo a realizar e história a reescrever.

No mundo da ganância e da especulação antropofágica, não há outro caminho a escolher, como imperativo de nossa vocação humana, senão o da solidariedade com as maiorias dos condenados à exclusão, para com eles re-"aprender a dizer a sua palavra" (Fiori) e redescobrir as veredas da esperança.

5

Recordando o legado da *Pedagogia do oprimido*

Henry A. Giroux

Na verdade, toda vez que o futuro for considerado como um pré-dado — ou por ser a pura repetição mecânica do presente, ou por ser o que teria de ser — não há lugar para a utopia e, portanto, não há lugar para o sonho, a opção, a decisão, a espera na luta, que é a única forma pela qual a esperança pode existir. Não há lugar para a educação, só para o adestramento.[7]

Na *Pedagogia do oprimido,* Paulo Freire argumenta que vale a pena lutar pelos elementos radicais da democracia, que a educação crítica é um elemento básico na mudança social e que a ideologia política é inseparável de nossa compreensão do mundo, do poder e do tipo de vida moral a que aspiramos ter.

A *Pedagogia do oprimido* foi um testemunho monumental da crença de Freire na democracia, assim como de sua duradoura fé na capacidade humana de suportar o

7. P. Freire, *Pedagogy of hope*. Nova York: Continuum Press, 1994, p. 91.

peso das ideologias e instituições opressivas. Foi também um depoimento e um ato testemunhal forjados em um espírito de luta, somente mitigado pela dura realidade da prisão e do exílio, e em um profundo senso de humildade, compaixão e esperança.

Intensamente consciente do fato de que muitas versões contemporâneas da esperança têm seu lugar na Disneylândia, Freire lutou contra essas apropriações, falando com paixão, nesse livro, sobre a recuperação e rearticulação da esperança por meio da "compreensão da história como uma possibilidade e não como determinismo".[8]

Freire nunca considerou a esperança como uma separação rígida entre a mente e o coração, o pensamento e a ação. Para ele, a esperança era a prática do testemunho, um ato de imaginação moral que permitia aos educadores(as) progressistas e a outros(as) pensar de forma diferente para atuar de forma diferente. Como a esperança demandava uma âncora nas práticas transformadoras, uma das tarefas do(a) educador(a) progressista era "desvelar oportunidades para a esperança, independente dos obstáculos encontrados no caminho".[9]

Subjacente à política da esperança, articulada pela primeira vez na *Pedagogia do oprimido,* existia uma visão de pedagogia radical, localizada nas linhas divisórias nas quais as relações entre dominação e opressão, poder e impotência continuavam a ser produzidas e reproduzidas. Para Freire, a esperança, como um elemento de definição da política e

---

8. P. Freire, *Pedagogy of hope*. Nova York: Continuum Press, 1994.
9. *Ibidem*, p. 9.

da pedagogia, sempre significou escutar e trabalhar com os (as) despossuídos(as) e com outros grupos subordinados, para que eles(as) pudessem falar e agir a fim de alterar as relações de poder dominantes.

Comprometida com o específico e o contingente, a *Pedagogia do oprimido* não ofereceu receitas àqueles(as) que precisavam de soluções teóricas e políticas instantâneas. Era estratégica e atuante: considerada como parte de uma prática política mais ampla, a pedagogia crítica nunca foi vista como um discurso *a priori* a ser reivindicado ou como uma metodologia a ser implementada. Pelo contrário, para Freire, ela era um ato político e de intervenção, organizado em torno de uma "ambivalência instrutiva de fronteiras rompidas",[10] uma prática de perplexidade, interrupção, compreensão e intervenção, que é o resultado de lutas históricas, sociais e econômicas.

Na *Pedagogia do oprimido,* Paulo Freire consequentemente nos lembrou de que as lutas políticas são ganhas e perdidas naqueles espaços específicos intermediários que unem as narrativas das experiências cotidianas com a gravidade social e a força concreta do poder instituído. Qualquer pedagogia radical que se intitulasse freireana tinha que reconhecer a centralidade do particular e do contingente na formação de contextos históricos e projetos políticos. Embora ele próprio fosse um teórico de contextura radical, reconheceu a importância de se compreender o particular e o local em relação às forças maiores, globais e transnacionais.

---

10. Apud H. K. Bhabha. The Enchantment of Art. In: C. Becker, A. Wiens, (Ed.), *The Artist in Society*. Chicago: New Art Examiner, 1994, p. 28.

A alfabetização, para Freire, como uma maneira de leitura e mudança do mundo, tinha que ser reconcebida como parte de uma compreensão mais ampla de cidadania, democracia e justiça, a qual era global e transnacional. Tornar o pedagógico mais político, nesse caso, significava um movimento para além da celebração de mentalidades tribais, bem como o desenvolvimento de uma práxis que colocava em primeiro plano "o poder, a história, a memória, a análise relacional, a justiça (não apenas a sua representação) e a ética como questões centrais das lutas democráticas transnacionais".[11]

A insistência, na *Pedagogia do oprimido,* de que a educação radical envolvia a criação e a mudança de contextos produziu um efeito maior do que a apreensão das potencialidades políticas e pedagógicas encontradas mediante um espectro de posições sociais e práticas da sociedade, as quais incluíam a escola, mas não eram limitadas a ela.

Freire também desafiou a separação entre a cultura e a política ao chamar a atenção para a maneira como diversas tecnologias de poder são usadas pedagogicamente para produzir, regular e legitimar formas particulares de conhecimentos, pertencimentos, sentimentos e desejos. No entanto, não cometeu o erro de muitos(as) dos(as) seus(suas) contemporâneos(as), misturando a cultura com a política do reconhecimento e a textualidade. A política para ele era mais do que um gesto de tradução, representação e diálogo:

---

11. M. J. Alexander, C. T. Mohanty, Introduction: Genealogies, Legacies, Movements. In: ______. (Ed.) *Feminist Genealogies, Colonial Legacies, Democratic Futures.* Nova York: Routledge, 1997, p. xix.

era também a mobilização de movimentos sociais contra as práticas econômicas, raciais e sexistas opressivas, geradas pela colonização, governos autoritários, capitalismo global e outras estruturas de poder opressor.

Recusando acomodar-se ao estilo das grandes narrativas, a *Pedagogia do oprimido* foi o começo e a mais famosa obra de um corpo de trabalho sempre inquieto e inquietante, impaciente e ao mesmo tempo engajador. Diferente da prosa acadêmica e pública, politicamente árida e moralmente vazia que caracteriza os discursos intelectuais contemporâneos, o trabalho de Freire era consistentemente impelido por uma raiva saudável da opressão e do sofrimento desnecessários que ele testemunhou por toda parte durante a sua vida. Seu trabalho exibia uma qualidade vibrante e dinâmica que permitia que ele crescesse, recusasse fórmulas fáceis e se abrisse a novos projetos e realidades políticas.

A grande inspiração de Freire nessa obra foi a elaboração de uma teoria de mudança social e compromisso que não era nem vanguardista, nem populista. Ao mesmo tempo que ele possuía uma fé profunda na capacidade popular de cidadãos tornarem-se sujeitos da história e agentes críticos do seu próprio destino, recusou-se a romantizar a cultura e as experiências que produziam condições sociais opressivas. Unindo rigor teórico, relevância social e compaixão moral, deu um novo sentido à política da vida cotidiana e, ao mesmo tempo, afirmou a importância da teoria na abertura de um espaço para a crítica, a possibilidade, a política e a prática. Teoria e linguagem são lugar de luta e possibilidades que dão sentido à experiência e direção política à ação. Qualquer tentativa de reproduzir o binarismo da teoria contra a política foi repetidamente condenada por ele.[12]

Em certa ocasião, Paulo Freire disse-me que não podia imaginar um(a) revolucionário(a) que não apreciasse a boa comida e a boa música. Não estou certo se foi o amor pela comida ou pela música, ou talvez os dois, que permitiu que a sua poesia deslizasse para a política quando ele escreveu a *Pedagogia do oprimido*. De qualquer forma, não há dúvida de que tanto o político quanto o pessoal mutuamente influenciaram sua vida e seu trabalho.

Freire sempre foi o estudante curioso, mesmo depois que assumiu o papel de educador crítico. Sua presença em si incorporava o que significa combinar a luta política e a coragem moral, a fim de tornar a esperança prática e o desespero irreal.

A *Pedagogia do oprimido* é um grande livro por ser fundamental na compreensão de como a história se torna um ato testemunhal e de como o presente é influenciado pelo passado. Assim, essa obra pertence tanto aos nossos dias quanto pertenceu à era em que Paulo Freire a concebeu e escreveu.

(DSP)

---

12. Freire concordaria, certamente, de todo coração, com o seguinte *insight* de Stuart Hall: "É somente pela maneira com a qual representamos e imaginamos a nós mesmos(as) que passamos a saber como somos constituídos e quem somos. Não há escape da política da representação." S. Hall, What is this "Black" in Popular Culture? In: G. Dent (Ed.) *Black Popular Culture*, Seattle: Bay Press, 1992. p. 30. Ao mesmo tempo, Freire se preocupava tanto com o que fazemos com a linguagem quanto com a decodificação de seu sentido.

6

Uma pedagogia da esperança ou trinta anos depois da *Pedagogia do oprimido* de Paulo Freire

Joachim Dabisch

O livro de Paulo Freire, *Pedagogia do oprimido,* tornou-se popular na Alemanha no fim da década de 1960, época do despertar, quando o movimento dos estudantes redescobriu as já quase esquecidas teorias clássicas do marxismo. A teoria crítica da Escola de Frankfurt, desenvolvida por Max Horkheimer e Theodor Adorno, tornou-se o foco de todos os debates políticos da época. O livro de Herbert Marcuse, *One-Dimensional Man,* deu novo impulso ao movimento. A direita e a esquerda divergiam vastamente: o positivismo ou o pensamento positivista, em geral, era uma questão para conformistas e parasitas, para os reacionários. Por outro lado, Marcuse defendia veementemente o "pensamento negativo" como o único que continha relevância sociocrítica.

Os pais dos(as) estudantes rebelados de 1968 haviam sido combatentes de guerra e, de maneira geral, defensores do regime nazista. Embora os primeiros governos do pós-guerra na República Federal da Alemanha não fossem sucessores de Hitler, eles não haviam concretizado totalmente a esperança do seu povo por uma Alemanha livre e democrática. Em muitas áreas, estruturas autoritárias haviam sido restauradas ou solidificadas. Quando o antigo nazista, Hans Georg Kiesinger, tornou-se chanceler da República, a juventude crítica perdeu sua fé nas possibilidades da ainda jovem democracia curar-se a si mesma. Enxames de jovens ingressaram no movimento antiautoritário liderado pela *Sozialistische Deutsche Studentenbund* — SDS [Sociedade dos Estudantes Socialistas Alemães].

Na época, a pedagogia alemã quase não havia produzido educadores capazes de acompanhar a rebelião interna dos jovens contra as condições correntes. O lema "*unter den Talaren der Muff von tausend Jahren*" [eles só têm o cheiro rançoso de mil anos embaixo de suas becas] revelava a atitude dos(as) jovens em relação às universidades. Esse lema se referia ao absolutamente incrustado *status quo* das universidades, nas quais a antiquada aparência dos(as) professores(as) assumiu um caráter simbólico. A ciência educacional também era afetada pelas condições pré-democráticas.

Ao mesmo tempo, os(as) estudantes se envolviam nos assuntos de continentes distantes, como a revolução cultural da China, os movimentos sociais revolucionários da América Latina e, especialmente, a revolução socialista em Cuba, a guerra americana no Vietnã e as estruturas feudalísticas da Pérsia. Todas essas tendências eram discutidas em inumeráveis seminários, mesmo contra a vontade do professor e da professora.

Nesses anos, ocorreram extensas reformas no sistema educacional da Alemanha, de tal forma que todos(as) os(as) estudantes pudessem receber uma educação de qualidade. A reformulação curricular foi iniciada com o objetivo de favorecer oportunidades iguais, dar maior poder de decisão e contribuir para a emancipação dos(as) estudantes. Em particular, debatiam-se as ideias de Paulo Freire, as quais foram parcialmente adotadas nesse processo.

As universidades discutiam cada vez mais como seriam as características de um sistema educacional democrático que consistisse no maior número possível de componentes emancipadores. Uma vez que o ensino socialista do leste da Europa continha componentes um tanto autoritários, os(as) estudantes começaram a investigar as ideias de líderes sociorrevolucionários e reformistas sociais do Terceiro Mundo. Para os estudantes-pedagogos, o livro de Paulo Freire, *Pedagogia do oprimido,* parecia ser a chave para uma visão crítica do mundo: o autor não havia parado na análise do *status quo,* mas foi além, fornecendo meios (pedagógicos) de como mudar o mundo.

A pedagogia de Freire deu origem a numerosos modelos educacionais que visavam à mudança social. Um modelo exemplar consistia em um curso de formação para professores na recém-fundada Universidade de Oldenburgo. Em projetos baseados na prática, os temas eram amplamente discutidos, ensinados e aplicados, numa atmosfera de quase igualdade entre professores(as) e estudantes. A experiência da sala de aula era integrada ao curso acadêmico de estudos, em contraste aos bastante fossilizados internatos anteriores. Inspirados, os(as) estudantes mantinham grande motivação profissional, mesmo muitos anos após sua graduação.

Muitos outros grupos e indivíduos integraram as ideias de Paulo Freire ao seu trabalho como, por exemplo, os jardins de infância alemães que introduziram a abordagem "situacional", o que encorajou as crianças a incorporarem suas próprias ideias do mundo ao currículo escolar. Em Brandenburgo, Estado do leste alemão, a matéria "Valores e Padrões Sociais", que substituía a "Introdução Religiosa", era também derivada da pedagogia freireana.

Em Zurique, na Suíça, jovens imigrantes italianos frequentavam a Escola Vocacional para Imigrantes, que, do mesmo modo, trabalhava a pedagogia de Freire. Na Bélgica de fala alemã e francesa, a *Peace University,* em Namur, foram adotadas muitas de suas ideias em trabalhos concretos pela paz. Na Alemanha e Áustria, pedagogos reformistas freireanos desenvolveram uma rede de comunicação entre si. Além disso, ainda existem vínculos com as "escolas independentes", especialmente com aquelas do movimento Montessori. A academia para jovens católicos, Cologne-Walberberg, tem trabalhado com os métodos "freireanos" já há muitos anos. O restrito seminário de Hamburgo, no Elba, desenvolveu um projeto intitulado "Lernen Könnem ja alle Leut" [Todos podem aprender], por meio do qual deficientes mentais aprenderam aritmética, a ler e a escrever. Esse projeto tornou-se bastante conhecido e a produtora de filmes da Alemanha do norte, NDR (Norddentscher Rundfunk), discutiu um filme a respeito do seu sucesso.

Pedagogos freireanos têm, há anos, apresentado o seu trabalho em convenções da Igreja Protestante. Em

Munique, uma rede de grupos de estudos sociopolíticos apoiou o trabalho de Freire, por um novo ângulo desenvolvimentista. Por muitos anos, a Sociedade Paulo Freire, que utiliza sobretudo a abordagem do *Teatro do oprimido*, de Augusto Boal, resultou desse trabalho. A lista de exemplos no que se refere à Europa de língua alemã poderia ir muito além do que já foi mencionado. É suficiente dizer que a abundância de projetos em outras nações europeias comprova que mesmo nos dias de hoje, três décadas depois, a filosofia freireana encontra-se viva.

Depois de trinta anos de estudo da obra de Paulo Freire, a Universidade Carl von Ossietzky de Oldenburgo estabeleceu um enfoque de pesquisa freireano. Um pouco antes de sua morte, esse educador foi premiado com o título de doutor honorário pelo departamento de educação dessa universidade. Tal prêmio marcou o início de uma cooperação mais próxima com o renomado pedagogo e, também, de uma reflexão sobre as maneiras de aplicar a sua pedagogia na prática. Nesse meio tempo, Ana Maria Freire, sua viúva, tornou-se negociadora entre o seu país de origem, o Brasil, e a Universidade de Oldenburgo.

Esses esforços mútuos deram origem a uma sociedade acadêmica independente, a *Paulo Freire Kooperatione*, que atua como mediadora entre várias áreas de pesquisa agrupadas sob o termo "pedagogia freireana". Em cooperação com pedagogos do mundo inteiro, os diferentes aspectos da pedagogia freireana estão sendo adotados e os seus métodos dialógicos e ideias sobre a mudança social e individual estão sendo aprofundados.

As extensas reflexões de Paulo Freire são brilhantes. No entanto, contrário ao que se esperaria de um pedagogo, elas não possuem um caráter normativo. Suas ideias são abertas, isto é, suscetíveis a objeções e, definitivamente, não estão completas. Ele permitia que as contradições surgissem e, ao mesmo tempo, defendia veementemente a paz e a justiça.

A *Pedagogia do oprimido* é uma acusação contra todos os opressores da terra, sendo não só a favor do oprimido, como também um sinal de fé no futuro, que não permite a perda da esperança. Com base nessa obra desenvolveu-se, consequentemente, a *Pedagogia da esperança.*

A pedagogia de Freire traz esperança aos oprimidos e oprimidas de incontáveis países do mundo, aos que buscam uma vida mais digna. É a esperança de que os políticos dos estados pobres e ricos cumpram suas responsabilidades e que os povos das nações do Primeiro Mundo tomem cuidado para que a sua riqueza não termine em uma ajuda humanitária fracassada e em condições de vida miseráveis.

Com a *Pedagogia do oprimido,* Paulo Freire deixou códigos e sinais para a pedagogia que cruzam todas as fronteiras linguísticas e culturais, independente de onde elas se encontram na terra. Onde quer que a opressão e a injustiça tornem-se intoleráveis, os seus livros são passados adiante e lidos. Onde quer que as pessoas vivam em contentamento e riqueza, as ideias de Freire indicam o caminho para o diálogo, a solidariedade e a construção de *Um Só Mundo.*

(DSP)

7

A *Pedagogia do oprimido* na Alemanha

Joachim Schroeder

Uma das primeiras manifestações da *Pedagogia do oprimido* na Alemanha pode ser encontrada no periódico político semanal *Derspiegel* (n. 9, 1970). Nele, Ivan Illich apresenta as campanhas brasileiras de alfabetização de Paulo Freire e desenvolve as suas próprias teses e demandas pela "desescolarização" da sociedade.

Na Alemanha da década de 1970, a "pedagogia libertadora" da América Latina teve seu devido sucesso, sendo destacada nas primeiras páginas de periódicos educacionais e atraindo a atenção em manchetes como "Acabem com as Escolas! Um Desafio do Terceiro Mundo" e "Escolas sem Muros — Uma Pedagogia das Favelas".[13]

Vários livros sobre o assunto também foram publicados. Já em 1971, Hartmut von Heintig polemizou as teses de

13. Betrifft: Erziehung, Schafft die Schule ab! Eine Provokation aus der Dritten Welt. 3,1971; Die Methode Paulo Freire. Pädagogik der Dritten Welt. 7, 1973; Jeder Bürger ein Lehrer. Jedes Haus eine Schule. Beiträge zur Entkolonisierung des Lernens. 6, 1974; Schulen ohne Mauern — Slumpädagogik. 5, 1974.

Freire e Illich em *Cuernavaca ou alternativas à escola?* Pouco mais de dois anos depois, apareceu a obra *Nova visita à Cuernavaca,* na qual ele adota uma posição bastante crítica sobre a "desescolarização".[14] Em rápida sucessão, três livros de Paulo Freire foram traduzidos para o alemão, ou seja, *Pedagogia do oprimido* (1971), *Educação como prática da liberdade* (1974) e o frequentemente negligenciado, *Pedagogia da solidariedade.*[15]

Várias obras que faziam relatos sobre a educação popular latino-americana também foram publicadas.[16] A questão relativa à transferência de conceitos educacionais procedentes de sociedades periféricas para as sociedades industrializadas de "centro" foi discutida nos seguintes livros: Bendit & Heimbucher (1977), Hernández (1977), Dauber & Simpfendörfer (1981), Jouhy (1985) e Maas (1986).[17]

---

14. H. Hentig, *Cuernavaca oder.* Alternativen zur Schule? Stuttgart, 1971; *idem, Cuernavaca revisited.* Die Wiederherstellung der Politik. Stuttgart, 1973.

15. P. Freire, *Pädagogik der Unterdrückten.* Bildung als Praxis der Freiheit, Rio de Janeiro, 1970, Stuttgart, 1971; *idem, Erziehung als Praxis der Freiheit.* Beispiele zur Pädagogik der Unterdrückten, Rio de Janeiro, 1967, Stuttgart, 1974; *idem, Pädagogik der Solidarität,* Rio de Janeiro, 1970, Wuppertal, 1974.

16. S. Herzen, 1979; H. Schulze, *Sozialarbeit in Lateinamerika.* München, 1983; V. P. Pereira, *Nationalismus und Bewußtseinsbildung in Brasilien, insbesondere bei Paulo Freire.* Frankfurt am Main, 1980; J. Zimmer, *Pädagogik der Befreiung.* Lernen in Nicaragua. München, 1983.

17. R. Bendit, A. Heimbucher, *Von Paulo Freire lernen.* Ein neuer Ansatz für Pädagogik und Sozialarbeit. München, 1977; J. Hernández, *Pädagogik des Seins.* Paulo Freires praktische Theorie einer emanzipatorischen Erwachsenenbildung. Lollar, 1977; H. Dauber, W. Simpfendörfer (Hg.), Eigener Haushalt und bewohnter Erdkreis. Ökologisches und ökumenisches Lernen in der *Einen Welt.* Wuppertal, 1981; E. Jouhy, Bleiche Herrschaft — Dunkle Kulturen. Essais zur Bildung in *Nord und Süd.* Frankfurt/Main, 1985; Chr. Maas, *Bildungsimpulse aus der Dritten Welt.* Was soziale Arbeit und Pädagogik von der Dritten Welt lernen können. München, 1986.

Entretanto, na Alemanha atual, tanto o interesse como os conhecimentos sobre a educação popular na América Latina são limitados a pequenos grupos distintos. Os intensos e controvertidos debates sobre a "pedagogia do oprimido" não acontecem mais. Ainda assim, existem traços da adoção e desenvolvimento crítico da "pedagogia da libertação", em alemão.

A seguir, apresento cinco teses sobre as contribuições feitas pela pedagogia do oprimido na construção da teoria e prática educacionais na Alemanha.

A pedagogia do oprimido contribuiu para a descoberta do "Terceiro Mundo" no "Primeiro Mundo"

O "terceiro caminho (educacional) do Terceiro Mundo" era visto com grande interesse na Alemanha da década de 1970, uma vez que os seus conceitos educacionais eram abertamente críticos quanto aos alicerces das sociedades industrializadas. Como resultado, a adoção dessa crítica foi combinada com a questão sobre o que o Primeiro Mundo poderia aprender com o Terceiro Mundo.

O compromisso com a "pedagogia da libertação", na Alemanha, coincidiu com amplos debates sobre a hipótese do déficit e da diferença. A questão, na época, consistia em saber como as desvantagens educacionais das crianças marginalizadas, frequentemente descritas como "crianças da classe mais baixa", poderiam ser compreendidas e resolvidas. Alguns acreditavam que a experiência de vida dessas crianças fazia com que elas se tornassem deficientes, subdesenvolvidas, negligenciadas e retardadas. Portanto, elas precisavam de uma série de medidas educacionais compensatórias e especiais que as tornariam capazes de alcançar as outras. Outros acreditavam que elas não eram deficientes, nem estúpidas, mas meramente diferentes, que suas vidas eram marginalizadas e oprimidas pela cultura burguesa; daí a razão de elas não conseguirem se ajustar nas escolas que transmitiam valores e padrões da classe média.

Com a ajuda de conceitos-chave da pedagogia do Terceiro Mundo, essas diferenças e a marginalização social das subculturas poderiam ser descritas em seus próprios termos. Novos mundos de experiência, com suas próprias regras, sistemas de valores e estratégias cotidianas da "cultura da pobreza" — a qual possui formas específicas de expressões linguísticas, culturais e simbólicas absolutamente vivas de uma cultura não burguesa — foram descobertos. Além disso, as camadas oprimidas da sociedade alemã tornaram-se mais visíveis.

A preocupação com os(as) oprimidos(as) do Terceiro Mundo distante levou à sua descoberta pelo Primeiro Mundo. Os trabalhadores(as) migrantes, os(as) alunos(as) com problemas educacionais, os(as) analfabetos(as), os(as) "sem-teto" e os(as) presidiários(as) foram descobertos na sua "cultura do silêncio", tornando relevante a questão de uma pedagogia dos oprimidos e das oprimidas para o Primeiro Mundo.

As primeiras tentativas de adoção da pedagogia freireana ocorreram na área de educação de trabalhadores(as) migrantes. O desenvolvimento de materiais didáticos e de formas de trabalho semelhantes aos usados nos cursos de língua visava não só contribuir para o desvelamento e a solução da marginalização social desses(as) trabalhadores(as), como também permitir uma reflexão sobre a posição social e a organização política das famílias migrantes.[18]

Encontrava-se, frequentemente, uma orientação pedagógica de libertação na educação especial e remediadora. Esse tipo de educação adotou, em particular, o conceito freireano do diálogo,[19] passando a perceber o mundo do deficiente e do oprimido e as condições de vida alienantes de estudantes das classes sociais desprivilegiadas com base na própria perspectiva desses grupos. A orientação pedagógica libertadora permitiu, ainda, que educadores se tornassem capazes de dialogar, ganhando, assim, acesso real a crianças e jovens marginalizados.

Outra área importante da "práxis" na qual a pedagogia libertadora causou um impacto foi a dos "sem-teto". Uma abordagem que focalizava a experiência de vida e a pesquisa-ação tentou descrever a cultura da pobreza encontrada em seus abrigos. O trabalho com grupos

---

18. M. Mies, Die Methode Paulo Freires und Hihre Bedeutung für den Sprachunterrricht ausländischer Arbeitnehmer. Bonn, 1972; Autorenkollektiv, Autonomie der Arbeiterklasse und Sprachverwirrung. In: *Ästhetik und Kommunikation*, v. 4, p. 11, 1973; J. Hernández, *op. cit.*, 1977; P. Datta, Politische Alphabetisierung mit türkischen Migrantenjugendlichen. In: J. Dabisch, H. Schulze (Hg.), *Befreiung und Menschlichkeit*. Texte zu Paulo Freire. München, 1991. p. 156-64.

19. I. Mann, *Die Kraft geht von den Kindern aus*. Lollar, 1978; G. Iben (Hg.), *Das Dialogische in der Heilpädagogik*. Mainz, 1988; J. Grapentin, I. Mann, Vom blöden Haus zum Baum der Erkenntnis. In: J. Dabisch, H. Schulze (Hg.) *Befreiung und Menschlichkeit*. Texte zu Paulo Freire. München, 1991. p. 257-64.

marginalizados foi executado mediante a investigação da vida cotidiana dos "sem-teto" e projetos desenvolvidos com crianças e jovens. Projetos práticos, como aqueles que focalizavam os abrigos de Munique-Hasenberg,[20] utilizaram uma abordagem que combinava a conscientização e o trabalho social. Embora a reivindicação política por "liberar os sem-teto" não conseguisse ser sustentada, esses projetos foram convincentes no que se refere à sua abordagem metodológica e aos materiais que geraram.[21]

A pedagogia do oprimido possuía um poder de fascinação na Alemanha politizada da década de 1970, em razão de sua demanda por uma prática pedagógica independente da escola formal; essa pedagogia contribuiu para o desenvolvimento de alternativas à instrução escolar

A crítica da escolarização "tradicional" fossilizada e alienante — que funcionava como veículo social de colonização da vida diária e da mente dos estudantes — conduziu à demanda popular (na Alemanha) em busca

20. A. Seippel, Konfliktorientierte Gemeinwesenarbeit als Erwachsenenbildung. In: H. Bahr, R. Gronemeyer (Hg.), *Konfliktorientierte Gemeinwesenarbeit*. Neuwied, 1974; B. u. a. Wehnert, *Zur Praxis von Vorschul:* und Schülerarbeit mit Obdachlosenkindem. München, 1978; Preuber, 1989.

21. A. Drygala, Der Dialog im Lebensweltansatz und in der Handlungsforschung — kann man heute noch so arbeiten? In: G. Iben (Hg.), *Das Dialogische in der Heilpädagogik*. Mainz, 1988, p. 184-97. G. Iben (Hg.), Randgruppenforschung und Schule. In: H. Eberwein, J. Mand (Hg.), *Forschen für die Schulpraxis*. Weinheim, 1995. p. 171-82.

de alternativas à escolarização. O aprendizado começou a ser visto como a internalização crítica ou construção da realidade, mobilizando as pessoas e dando origem a movimentos sociais.

Não é possível fornecer uma visão completa da miríade de grupos de interesse e iniciativas comunitárias que apresentavam alternativas para a educação informal e *extramuros*. Segundo estimativas, existem de 50 a 60 mil organizações comunitárias, grupos de interesse e projetos de autoajuda na Alemanha, os quais envolvem 2% da população.[22] Esses grupos incluem centros juvenis e socioculturais, iniciativas relacionadas à saúde, oficinas científicas, firmas independentes e para a reabilitação de drogados, organizações de trabalho com os "sem-teto" e os prisioneiros, bancos ecológicos, grupos do Terceiro Mundo etc.

A abordagem sociopolítica da *educação para a autoajuda* é o fator comum que une todos esses grupos, ou seja, seus participantes ou membros assumem responsabilidade por si próprios, participando e contribuindo para mudar as relações sociais.[23] Essa forma de educação alternativa:

> luta pela autodeterminação, organiza e administra a si mesma. Baseia-se no desejo do indivíduo pela liberdade e autodeterminação; no processo social do aprendizado

---

22. F. Vilmar, B. Runge, Soziale Selbsthilfe — Bildungspolitische Voraussetzungen und Potentiale als Gesellschaftspolitik. In: H. Zimmermann (Hg.), *Kulturen des Lernens*. Talheim, 1995, p. 153.
23. *Ibidem*, p. 159.

> desenvolve conceitos comuns que melhor se ajustem às necessidades desses indivíduos. As contradições que surgem tornam-se impulso para a contínua busca por respostas... A educação alternativa problematiza. A sua abordagem metodológica é a análise da realidade social, em relação à qual assume uma posição crítica reconhecendo, ao mesmo tempo, o seu potencial de transformação. É uma pedagogia comprometida, engajada, que reconhece oportunidades e zonas liberadas (espaços livres) na sociedade.[24]

As raízes das bases teóricas e metodológicas dessas iniciativas são múltiplas. Muitas dessas organizações agrupam-se na *Arbeitsgemeinschaft sozialpolitischer Arbeitskreise* (AGSPAK), uma sociedade civil de associação de grupos de interesse sociopolíticos que trabalham nas áreas de educação e economia alternativas, em abrigos para os "sem-teto" e deficientes, com a juventude, nos centros de reabilitação para drogados e criminosos etc. O trabalho de todos esses grupos baseia-se, grandemente, no *ethos* da conscientização da pedagogia da libertação.

Além disso, o trabalho educacional da Academia de Jovens de Walberg (estabelecida em 1967) "segue os passos de Paulo Freire". Em seu trabalho de politização *extramuros* (educação política), com a juventude e adultos jovens das classes excluídas, a academia busca encontrar os temas geradores nos próprios jovens, associando-os às

24. H. Schulze, Erziehung als Praxis der Freiheit — Alternative Bildungskonzepte — Paulo Freires befreiende Pädagogik auch bei uns? In: H. Zimmermann (Hg.), *Kulturen des Lernens*. Talheim, 1995, p. 251.

suas biografias pessoais, experiências e condições de vida, as quais são caracterizadas por várias formas de violência e medos em relação ao futuro.[25]

A pedagogia do oprimido contribuiu para a "desescolarização" da escola

Como já indicado, a adoção da "pedagogia do oprimido", na Alemanha, ocorreu por ocasião dos debates sobre a "desescolarização". Como descrito anteriormente, uma multiplicidade de alternativas educacionais à escola formal surgiu com grande rapidez. No entanto, a questão a que se procurava responder era até que ponto a escola como instituição poderia mudar. Já em 1971, em resposta a Illich, Hartmut von Hentig argumentou que a questão real não era a abolição radical do sistema de educação pública nas sociedades industrializadas, mas, sim, a "desescolarização" radical das escolas. Se fossem reformadas, dando espaço às experiências de vida dos estudantes, poderiam se tornar mais humanas e preparar as crianças e os jovens para assumir um comportamento social responsável.

Acreditava-se que as escolas deveriam ser espaços onde essas crianças e jovens pudessem conhecer a si mesmos, adquirir um comportamento responsável e aprender o significado da democracia. Von Hentig propôs que elas fossem

25. A. Groß, Ins Land der unbegrenzten Möglichkeiten ... Bildungsarbeit auf den Spuren Paulo Freires. In: J. Dabisch, H. Schulze (Hg.), *Befreiung und Menschlichkeit*. Texte zu Paulo Freire. München, 1991. p. 120-3; Academia de Jovens de Walberg, 1994.

liberadas do sistema e que se desenvolvessem alternativas ao aprendizado escolar experimentalmente empobrecido.[26]

Apesar da existência de ideias muito diferentes a respeito da "desescolarização" da escola, havia uma causa comum:

> o debate sobre a "desescolarização" está assumindo, correntemente, formas teóricas e práticas muito diferentes. O que existe em comum é a "desescolarização" da escola: primeiro, pela mudança do aprendizado para vários espaços de aprendizados; segundo, pelo alinhamento do currículo à experiência vivida dos educandos; terceiro, pelo trabalho de educadores leigos instruídos, que atuam como professores e educandos e que, ocasionalmente, substituem professores academicamente treinados.[27]

A seguir, descreveremos alguns exemplos — selecionados de uma multiplicidade de projetos escolares relacionados às três dimensões da "desescolarização" das escolas — que fazem referência explícita à "pedagogia da libertação":

Espaços de aprendizado

A atividade educacional de uma escola secundária situada em um empobrecido subúrbio de classe operária de Wiesbaden foi reorganizada de acordo com a estrutura conceitual da pedagogia da favela. A escola deveria se tornar um centro comunitário. De acordo com o princípio dos temas geradores, os estudantes deveriam desenvolver

---

26. H. Hentig, Vorwort. In: I. Illich, *Entschulung der Gesellschaft*. München, 1972.
27. J. Zimmer, Schulen ohne Mauern. In: *Betrifft: erziehung* 5, p. 17, 1974.

projetos de pesquisa sobre os problemas e conflitos encontrados no subúrbio. Em preparação para as aulas práticas, eles investigaram o ambiente de trabalho e as condições de vida de seus pais e de outros residentes da área. Um outro projeto envolveu uma pesquisa sobre a renovação do subúrbio: estudantes questionaram os habitantes sobre suas aspirações e medos e desenvolveram modelos de renovação urbana, em competição com partidos políticos.

Uma vez que os estudantes nunca compreendem as relações políticas de poder dentro da escola, eles precisam sair das suas quatro paredes. No início, tentamos manter as crianças longe de situações conflituosas. Hoje, elas são atraídas para a área da resolução de conflitos, uma vez que estes se tornam um projeto.[28]

Currículo

Até o momento, a chamada abordagem "situacional" ou contextual representa a tentativa mais ampla em contextualizar a pedagogia da libertação no desenvolvimento do currículo. Com apoio e auxílio financeiro das autoridades educacionais nos estados federais de Rheinland-Palatinate e Hessen (1972-1976), bem como o de Brandenburgo (desde 1990), foram desenvolvidos currículos para a escola primária cujo ponto de partida era a vida diária das crianças. "Temas-chave" e "temas-problema" foram identificados e, subsequentemente, desenvolvidos em vários códigos (textos, fotografias, cartazes, audiofitas etc.).

---

28. H. Scherer, Stadtteilbezogene Schule in Wiesbaden. In: *Betrifft: erziehung* 4, p. 33-4, 1974.

Como demonstrado pela pesquisa, nem sempre esses códigos representavam adequadamente as experiências referentes aos pertencimentos subculturais e de classe econômica das crianças. Frequentemente, os temas e problemas meramente representavam necessidades e aspirações de indivíduos da classe média. Repetidas vezes, o componente político das situações codificadas se perdia, na medida em que o conteúdo era trabalhado separadamente de suas contradições e condições sociais. Todavia, a abordagem contextual ("situacional") é a tentativa de aproximação mais bem desenvolvida para a projeção de um currículo do tipo popular e "desescolarizante".[29]

Educadores leigos (não profissionais)

Muitos exemplos de "outros colegas" ou "professores que não são professores" são descritos no livro *Macht die Schule auf, laßt das Leben rein* [Abram as escolas, deixem a vida entrar]. Pais, vizinhos, gente capaz de criar coisas interessantes, pessoas dispostas a dar cursos nas escolas (às vezes na base do trabalho voluntário), peritos aposentados, artistas, músicos e pessoas envolvidas com esporte eram nomeadas, pelas escolas, para que suas habilidades pudessem ser utilizadas para fins educacionais.[30]

---

29. K. Hemmer, J. Zimmer, Der Bezug zu Lebenssituationen in der didaktischen Diskussion. In: K. Frey (Hg.), *Curriculum-Handbuch, Band II*. München, 1975, p. 188-95; R. Bendit; A. Heimbucher, *op. cit.*, 1977, p. 183-95.
30. J. Zimmer; E. Niggemeyer, *Macht die Schule auf, laßt das Leben rein*. Von der Schule zur Nachbarschaftsschule. Weinheim/Basel, 1986.

Muitas das demandas e oportunidades inerentes ao debate sobre a "desescolarização" não parecem muito excitantes, provocativas ou sugestivas nos dias de hoje. No entanto, é importante lembrar os progressos que ocorreram na escola e na educação nas últimas décadas, bem como questionar os mitos sobre a educação que caracterizam a política e a prática educacional corrente: quais são as "vacas sagradas" que precisam ser sacrificadas, em que áreas a "desescolarização" da sociedade foi implantada — com quais resultados desejados e consequências indesejáveis. Além disso, é também importante repensar a escola e questionar se o caminho da "desescolarização" oferece um modelo viável para a futura reavaliação do assunto sobre a escolarização.

A pedagogia do oprimido ampliou a didática e a metodologia da educação política

O conceito de conscientização visa ao desvelamento crítico da realidade a fim de permitir uma participação ativa na sua construção.

> A profundidade com que a alfabetização está envolvida na matriz das culturas e nas disposições antropológicas tornou-se clara para nós por meio da pedagogia do "Terceiro Mundo".[31]

31. P. Freire, Pädagogik der Unterdrückter, Stuttgart, 1971. *Idem*, *Erziehung als Praxis der Freiheit*. Beispiele zur Pädagogik der Unterdrückten, Stuttgart, 1974. *Idem*, *Pädagogik der Solidarität*, Wuppertal, 1974.

> A alfabetização é um problema cultural-antropológico premente e, portanto, só pode ser tratada apropriadamente no âmbito das teorias antropológicas.[32]

A América Latina forneceu o *insight* que mostrou que o aprendizado da leitura não é apenas uma técnica funcional, mas um processo de aquisição cultural ou aculturação. A alfabetização e o processo de construção do conhecimento são um evento social de profundo significado político. A percepção crítica da realidade por intermédio da leitura é um ato de engajamento crítico em relação à própria realidade ou conscientização. A "pedagogia do oprimido" é radical na medida em que mostra o significado político até mesmo da educação elementar. A capacidade de ler/escrever não é vista como pré-requisito para a educação política, tendo sido demonstrado que a politização ocorre até no processo de aculturação. Como escreveu Hiller,[33] referindo-se aos textos de leitura para as escolas alemãs:

> Se no interesse das crianças desprivilegiadas e marginalizadas demandamos textos apropriados ao desenvolvimento de sua consciência, então não podemos mais nos satisfazer com as respostas usuais dadas pelos textos dos primeiros anos escolares, os quais não suscitam de maneira alguma questões sobre os padrões de interpretação,

32. K. Giel, Der Elementarunterricht in anthropologischer Sicht. In: D. Lenzen (Hg.), *Enzyklopädie Erziehungswissenschaft*. Band 7, Stuttgart, 1985. p. 26.
33. G. G. Hiller, Zur Alphabetisierung benachteiligter Kinder. In: G. G., Hiller, Hj. Kautter (Hg.), *Chancen stiften*. Über Psychologie und Pädagogik auf den Hinterhöfen der Gesellschaft. Ulm-Langenau, 1990, p. 171-93 (p. 175).

representação e leis do seu próprio ambiente social. Em resultado, o engajamento crítico com esses textos, sem falar na sua internalização, é impossível. Eles não levantam dúvidas nem críticas sobre a normalidade que, pelo contrário, buscam constantemente confirmar, preservar e transmitir. O que tem acontecido durante a fase de leitura inicial é apenas uma engenhosa colonização da consciência desses estudantes.

A abordagem didático-metodológica da "pedagogia da libertação", que visa à conscientização, foi adotada e desenvolvida no mais divergente dos campos, o da educação.

Alfabetização

Repetidamente, a abordagem freireana foi utilizada para a leitura, a escrita e a aritmética (decodificação de temas-chave codificados), tanto na alfabetização de adultos[34] quanto no trabalho de alfabetização com crianças migrantes (Baymak-Schuldt, 1985; Bohn, 1982 e 1988; Nehr *et al.*, 1988; Datta, 1991).[35]

---

34. Hamburger Erwachsenenbildung (Hg.), *Die geheiligte Schrift*. Ein Reader Zur Alphabetisierung deutschsprachiger Erwachsener. München, 1986; H. Witkofski, Gemeinsam lemen — Alfabetisierung in der Hamburger Erwachsenenbildung (HEB). In: J. Dabisch, H. Schulze (Hg.), *Befreiung und Menschlichkeit*. Texte zu Paulo Freire. München, 1991, p. 124-8.

35. M. Baymak-Schuldt, *Mit offenen Augen lesen lernen*. Türkische Alphabetisierung nach der Methode Paulo Freires. Berlin, 1985; E. BOHN, *Wir sind auf dem Weg*. Ein Schuljahr mit ausländischen Grundschülern. München 1982; Visualisierte Problemsituationen im Deutschals-Zweitspracheunterricht. In: *Interkulturell* 1, p. 207-22, 1988; M. Nehr, u.a., *ln zwei Sprachen lesen lernen — geht das?* Erfahrungsbericht über die zweisprachige koordinierte Alphabetisierung. Weinheim/Basel, 1988.

Didática visual

O trabalho educacional com códigos foi destacado em *textos icônicos*, particularmente por Hiller:[36]

> As crianças procedentes de famílias que raramente utilizam a linguagem escrita — isto é, a maioria dos estudantes — geralmente labutam com grande esforço nas escolas que oferecem uma educação geral (acadêmica). Virtualmente, todo o conteúdo relevante do aprendizado é apresentado por meio de textos escritos que requerem a decodificação e a interpretação... Os estudantes que, por qualquer razão, lutam para compreender os textos e, especialmente, para criá-los, encontram-se em contínua desvantagem. Há alguns anos, essas preocupações levaram à produção de materiais que usavam, sobretudo, textos icônicos (isto é, material visual de todo o tipo, com referências e matrizes textual-visual interdependentes, instrucionalmente organizado) como base para os processos educacionais... A preocupação com o significado didático de formas icônicas foi estimulada pelo trabalho teórico de Paulo Freire sobre a alfabetização conscientizadora, particularmente por meio de desenhos e caricaturas do seu artista gráfico, Claudius Ceccon.[37]

---

36. G. G. Hiller, Ikonische Texte. Eine Chance für "Schulversager". In: ders.: Ausbruch aus dem Bildungskeller. Pädagogische Provokationen. Ulm-Langenau, p. 98-108, 1989; *idem*, Lehren und lemen mit Bildem. In: L. Duncker, W. Popp. (Hg.), *Kind und Sache*. Weinheim/München, 1994, p. 257-73.
37. G. G. Hiller, Lehren und lemen mit Büldem. In: L. Duncker, W. Popp (Hg.), *Kind und sache*, p. 258-9.

A pedagogia da libertação contribuiu para o desenvolvimento de conceitos "dialógicos" na educação política

A pedagogia da libertação também propiciou um estímulo importante na didática do conflito norte-sul. Dos círculos de educação política emergiram repetidos lembretes de que o aprendizado sobre o Terceiro Mundo não deveria significar o seu esquecimento. Com a adoção da teoria da dependência, a existência de um vínculo estrutural entre as ricas sociedades de consumo e as misérias do Terceiro Mundo tornou-se clara. Tal vínculo requeria certas ações por parte dos países "supradesenvolvidos", tendo sido sumarizado na frase: "Pense globalmente, aja localmente." Em parte pela intenção de delimitar a influência da "pedagogia da libertação", em parte pelo seu explícito recuo, publicaram-se conceitos e materiais para a educação política cuja finalidade era "fornecer respostas educacionais para as questões globais, locais e individuais, originadas pelo sub e supradesenvolvimento".[38]

Materiais pioneiros, cujas estruturas de compreensão conceitual da alfabetização cultural eram deliberadamente provocativas, foram publicados por Fohrbeck & Wiesand.[39] Por exemplo: antes que os europeus supostamente ilumi-

---

38. A. K. Treml (Hg.), *Entwicklungspadagogik, Unterentwicklung und Überentwicklung als Herausforderung für die Erziebung.* Frankfurt/Main, 1980, p. 13.
39. K. Fohrbeck, A. J. Wiesand, *Heile Welt und Dritte Welt.* Medien und politischer Untemicht. Opladen, 1971; *idem, Wir Eingeborenen.* Zivilisierte Wilde und exotische Europaer: Magie und Aufklarung im Kulturvergleich. Frankfurt am Main, 1981.

nados esnobemente se encalhem com os exóticos habitantes do Terceiro Mundo — assim prossegue o argumento — eles deveriam se olhar no espelho. Comparados às comumente desprezadas culturas "subdesenvolvidas", os europeus poderiam reconhecer-se como "nativos", capturados pelos seus próprios mitos.

Em materiais como o *Atlas der Weltverwicklungen* [Atlas de Sistemas Globais Articulados],[40] "um livro ilustrado genuíno sobre a pobreza mundial, a ecologia global e o envolvimento local", questões-chave de sistemas globais articulados são discutidas com a finalidade de mostrar a interconexão entre o doméstico e o estrangeiro, bem como as formas pelas quais o sistema de dependência estrutural continua a existir na nossa sociedade global.

Vários grupos políticos e agências para o desenvolvimento aderiram aos princípios da "pedagogia da libertação" em seu trabalho educacional, tais como: o *Dritte-Welt-Haus,* já mencionado, o do Peru, o *Jugendhaus Nürnberg,* o *EPIZ* [Centro de Informação sobre o Desenvolvimento], em Reutlingen, e o *Werkstatt* 3 [Oficina 3], de Hamburgo. Desde 1975, a *Arbeitskreis Pädagogik Paulo Freire* [Associação Pedagógica Paulo Freire], uma afiliação ampla com cerca de cem pessoas, tem articulado trabalhos políticos e de desenvolvimento; em 1994, a Associação passou a ser *Paulo Freire Gesellschaft* (PFG) [Sociedade Paulo Freire].

As Cartas de Freire expandiram-se para um periódico trimestral, o *Zeitschrift für befreiende Pädagogik.* Em 1996,

40. Dritte-Welt-Haus Bielefeld, Atlas der Weltvelwicklungen. Wuppertal, 1992.

a Cooperativa Paulo Freire foi fundada em Oldenburgo. No entanto, mesmo projetos de desenvolvimento concretos, que envolviam países do chamado Terceiro Mundo, atraíram críticas pelas suas formas, algumas vezes condescendentes e outras vezes neocoloniais, de comunicação e relações de trabalho entre os "ricos" e os "pobres", os "doadores" e os "recebedores". Essas críticas eram geralmente associadas à demanda por formas de cooperação caracterizadas pelo diálogo, participação e solidariedade. Muitos projetos populares, como os do Chile, do Peru e da Nicarágua, escolheram a educação popular como estrutura comunicativa comum para o desenvolvimento de um projeto de práxis ou *modus operandi* que visava ao diálogo e à conscientização recíproca (ver Carstensen *et al.*[41] para numerosos exemplos).

É evidente que na Alemanha, assim como em todos os países industrializados, cada campo de trabalho educacional, descrito aqui, continuará a depender de uma pedagogia para os oprimidos e marginalizados. Tendo em vista os processos socioeconômicos — o progressivo empobrecimento social e o resultante aumento da violência, do desemprego e da falta de habitação; os processos judiciais não selecionados e os problemas de integração social de refugiados das regiões empobrecidas e devastadas pela guerra; o número crescente de estudantes que abandonam as escolas e de jovens que não encontram locais de aprendizagem, nem empregos, que não têm outra opção que lutar

41. C. Carstensen, J. Schroeder, S. Wörz (Hg.), *Die Welt buchstabieren. Volkserziebung in Lateinamerika*. Begleitband zur Ausstellung. München, 1992.

no setor informal ou nas ruas —, é extremamente urgente e importante que se continuem questionando quais são as lições que o empreendimento educacional pode extrair da teoria da dependência e do *insight* derivado da "pedagogia da libertação": que a pobreza de muitos é a precondição para a riqueza de poucos.

(DSP)

8

Reflexões sobre a *Pedagogia do oprimido* de Paulo Freire

Maxine Greene

Esse livro, escrito de forma brilhante, não só alinhava as tendências de pensamento que marcaram os séculos XIX e XX, como também se abre a novas e inesperadas possibilidades para todos os interessados em ensino e aprendizagem e para aqueles(as) que estiverem comprometidos(as) com a contestação das chamadas "culturas do silêncio". Em uma de suas dimensões, o texto "faz" filosofia de primeira linha, e de modo muito responsável. Acredito originar-se de uma vertente marxista humanista e não doutrinária, para, em seguida, fundir-se com diversas respostas existenciais ao surgimento da indústria, às cidades, às "massas" cada vez mais anônimas. O livro permeia, ainda, em vários pontos, as contribuições cumulativas da hermenêutica, percorrendo uma série de noções que chamamos de progressivas, engajando-se ao mesmo tempo com algumas das fascinantes sugestões oriundas da fenomenologia.

O que me surpreende é a notável capacidade de Paulo Freire de infundir as formas da práxis com as quais estava envolvido (e que, não raro, ele mesmo propôs), juntamente com uma teoria avançada e complexa, sem perder, em nenhum momento, contato com a consciência humana tal como ele a conheceu, nem com as criaturas humanas existentes no mundo como seres físicos e sociais, eterna e maravilhosamente inconclusos. Do modo como ele os viu, muitas vezes imersos em uma sociedade marcada pela iniquidade, combalidos pelo exercício do poder econômico e intelectual, esses homens, mulheres e crianças eram imbuídos da possibilidade de ir além de onde estavam, uma vez criadas as situações que lhes capacitariam formular suas questões, pronunciar seus mundos e aprender o suficiente para transformar o que corroía suas existências como seres livres.

A compreensão fenomenológica era de que essas criaturas humanas não estavam, como sujeitos, fadados a enfrentar fenômenos preestabelecidos e delimitados de maneira autoritária — um mundo objetivo, em toda sua solidão alienante. Em vez disso, Paulo Freire foi capaz de enxergar com clareza que a aprendizagem libertadora exigia o reconhecimento da relação transacional entre sujeito e objeto: o "mundo" lá fora significava o mundo tal como experimentado, interpretado, percebido, conhecido — e não o mundo como uma coisa fechada em si mesma. Chegar ao que Freire chamou de "conscientização" consistia em aprender a refletir, juntamente com seus irmãos e irmãs, acerca do mundo tal como vivenciado. Além disso, significava identificar deficiências, lacunas, vazios e agir juntos para reparar o problema.

Libertação, despertar da consciência mais ampla, reparos e a construção de valores e de propósitos: são estas algumas das noções que permanecem com o leitor de *Pedagogia do oprimido*. Talvez tão importante quanto isso (para as mulheres e também para as crianças) seja a ideia de vencer o opressor internalizado, de desenvolver o que alguns têm chamado de "a coragem existencial de ser".

Para Freire, naturalmente, isso sempre quis dizer estar junto dos(as) outros(as), amar os(as) outros(as), ser companheiro(a) dos(as) outros(as), agir na intenção de desenvolver uma consciência compartilhada com os(as) outros(as) e encontrar a própria voz de alguém, permitindo que ela seja ouvida no âmbito de uma pluralidade de vozes.

Como um grande poema ou obra de dramaturgia, *Pedagogia do oprimido* não se esgota. Há sempre algo mais — outra perspectiva, outra visão, outra possibilidade do que Freire chamou de "um mundo mais amoroso". O livro sempre está um passo à frente, um pouco adiante do nosso campo de visão. Contudo, capacita para a jornada, à medida que anima e recupera as forças que impelem as pessoas à transformação.

(KBG)

9

Considerações sobre a *Pedagogia do oprimido*

Renate Nestvogel

Muitos participantes dos meus seminários sobre o desenvolvimento da educação colonial e pós-colonial, dos assim chamados países do Terceiro Mundo, leram a *Pedagogia do oprimido,* de Paulo Freire. Esse livro possibilitou que eles(as) tivessem acesso a pessoas muito distantes do seu cotidiano, o que resultou numa maior preocupação e envolvimento pessoal em relação ao que ocorre em outras partes do mundo. Vários(as) deles(as) sentiram-se motivados a viajar para esses países, a fim de descobrir essa outra realidade por si próprios.

Além de aumentar o interesse por outros países, o livro abriu seus olhos para suas próprias condições e condicionamentos. De forma iluminada, a obra *Pedagogia do oprimido* ampliou e diferenciou as nossas estruturas mentais e conceitos, ou o filtro por meio do qual percebemos e interpretamos o mundo e a nossa posição nele. Tornou-se altamente significativa para nossa própria biografia e criou conhecimentos e *insights* que engajaram a totalidade do nosso ser, e não apenas as nossas dimensões cognitivas. Tudo isso causou um impacto que perdura até os dias de hoje. Muitos(as) estudantes puseram em prática os conceitos de Freire nas suas atividades educacionais, como, por exemplo, em cursos com trabalhadores migrantes, meninas e mulheres.

Na década de 1980, quando estive no Zimbábue, fiquei, várias vezes, profundamente comovida com o entusiasmo com o qual muitas pessoas liam o livro, proibido por tanto tempo e que acabou tornando-se um símbolo de libertação pessoal e nacional.

Em 1990, transferi-me para outra cidade, para uma universidade que possui um currículo diferente e pouco espaço para as questões globais, na qual o aprendizado intercultural, a migração e o racismo são enfocados de forma direta e pragmática. Ao contrário do que ocorreu nas décadas de 1970 e 1980, percebi que, com exceção de uma minoria, os(as) estudantes se sentiam relutantes ou mesmo abertamente contra a discussão de questões "desagradáveis" que pudessem referir-se a eles(as) diretamente, como, por exemplo, o seu próprio racismo e preconceito, e não apenas os de outras pessoas. A consequente falta de orientação foi ignorada por algum tempo e compensada pelo divertimento, atividades de lazer e orientação profissional.

Sinto atualmente, no entanto, que uma nova necessidade de orientação e valores, nessa época de pós-abundância, está aumentando. Esta é uma época em que a *Pedagogia do oprimido* pode nos ajudar muitíssimo a descobrir um sentido para a vida, a encontrar novas formas de comunicação e interação humanas em uma sociedade altamente individualista, a sentir que somos responsáveis por outras pessoas além de nós mesmos, que o nosso bem-estar encontra-se vinculado ao dos(as) outros(as) e a descobrir também que as diferentes facetas da opressão mental e emocional, em nós mesmos, bloqueiam nosso envolvimento na luta pela justiça social e democracia para todos e todas.

(DSP)

10

Trinta anos de *Pedagogia do oprimido*

Renate Zwicker-Pelzer

Um artigo sobre a atual relevância da *Pedagogia do oprimido*

No momento atual, é difícil descrever a importância da pedagogia de Freire para a Alemanha. Se a pedagogia para a libertação será mencionada, ou não, nas faculdades e universidades de educação, isso depende do conhecimento a respeito de Paulo Freire nos círculos docentes universitários.

De maneira geral, a ciência da educação parece estar mais interessada na situação da educação na "escola" ou, ainda, na pedagogia/educação para adultos, que não se preocupa com teorias acadêmicas e na qual o planejamento e o gerenciamento educacional ocupam posições prioritárias. Eficácia e garantia de qualidade representam categorias cujos limites não são claramente definidos para fins de conformidade política da ciência da educação.

Em minha própria experiência como especialista na área educacional e professora universitária, comecei a ministrar cursos de assistência e educação sociais há cinco anos. Tomei essa iniciativa por uma série de motivos relacionados à pedagogia de Paulo Freire. Dentro do programa procuro enfatizar, fundamentalmente, "conceitos e princípios básicos da assistência social". Esse campo profissional compreende métodos de assistência social, didática e metodologias de educação social, ciência da educação e da assistência social. Os cursos são concluídos ao final de oito semestres, após os quais o aluno recebe o diploma. São incluídos diversos programas de atividades práticas em entidades de assistência social.

O estreito vínculo com a prática real estimula os(as) alunos(as) a ficarem mais próximos dos problemas sociais, psicológicos, econômicos e políticos das pessoas em nossa sociedade. As restrições, as limitações e a falta de liberdade que lhe são impostas constituem o verdadeiro ponto de partida para os trabalhos de assistência social profissional. Desse modo, os estudos sobre essa área são "realmente" sempre calcados numa "pedagogia do oprimido". Digo "realmente", tendo em vista as limitações que muitas vezes ocorrerão em virtude das definições de conteúdos educacionais; da organização da educação e aprendizagem; da atitude dos(as) professores(as) em relação aos alunos e às alunas que, por vezes, se assemelha mais a uma domesticação do que propriamente a um diálogo entre eles/elas; do cansaço e das normas impostas aos estudos; e por várias outras razões.

Nosso conteúdo programático contém as seguintes matérias: conceitos e princípios básicos da assistência social, sociologia, política, medicina, psicologia, educação aplicada aos veículos de comunicação, direito e teologia. Todas essas disciplinas apontam para as principais questões que residem na "essência", na abordagem fundamental para a qual estão dirigidos nossos esforços:

- De que modo vemos e esclarecemos nossa atitude profissional em relação aos oprimidos e às oprimidas de nossa sociedade?
- Como conseguimos nos encontrar com os(as) alunos(as) nos diálogos e nos tornarmos modelos para seu trabalho prático com os oprimidos e as oprimidas?
- De que forma desenvolvemos nossa teoria acerca do engajamento com essas pessoas sem nos distanciarmos do rigor da abordagem científica?

Compartilho sobretudo com colegas da ciência da educação e da assistência social, bem como com outros interessados, o significado da importância dos conceitos e da imaginação de Paulo Freire no campo educacional, embora seu nome nem sempre seja particularmente mencionado. Isso acontece por algumas razões e relações:

1. Durante os últimos trinta anos, os princípios de diálogo após Freire aprofundaram-se com base em outros pontos de referência semelhantes, por exemplo, os de Paul Watzlawik, pesquisador da Califórnia na área de comunicações, com seu axioma da comunicação.

2. Gregory Bateson e suas categorias de aprendizagem em *Steps to an Ecology of Mind* [Passos para uma ecologia da mente]. Tais categorias consideram as pessoas sujeitos da aprendizagem.

3. Domesticação *versus empowerment* — conceitos sobre como as pessoas assumem o controle de seus próprios destinos, quando habilitados e em comunhão, e participam ativamente de questões políticas.

4. Conceitos holístico-humanísticos de terapia e consulta, como os demonstrados por Virginia Satir, Fritz Perls, Carl Rogers e outros, considerando o contexto das emoções, a disposição física e o processo mental de desenvolvimento.

Esses são apenas alguns dos muitos aspectos envolvidos, aos quais ainda poderia acrescentar outros elementos.

A questão central referente ao meu próprio desenvolvimento da pedagogia de Paulo Freire gira em torno das diferenças entre os gêneros. O poder e a opressão são fato em todos os países do mundo, constituindo, ao mesmo tempo, um desafio. Há uma maior probabilidade de que as mulheres se vejam com menos poder, mesmo nos países industrializados. Boa parte da pedagogia e também da política serão feitas à revelia das condições da mulher, sem ela, a seu favor ou contra ela. E por um longo tempo, a mulher não foi o sujeito de sua própria história.

Por vezes lamento o fato de que Paulo Freire não tenha falado muita coisa a respeito da opressão da mulher e da diferença entre os gêneros. Mas talvez isso apenas represente um desafio para mim, trinta anos depois, no limiar do século XXI.

Patriarcado — Feminilidade. Desafios em desenvolver maiores distinções e desdobramentos da pedagogia de Freire

Há séculos temos conhecimento do patriarcado e do qualificativo patriarcal como a definição do pensamento pelo homem, e das atitudes, modos de comportamento e formas de dominação daí advindas. A mulher, com frequência, refugia-se na atitude de vítima, culpando-se por sua condição, adotando precisamente o comportamento que dá sustentação ao regime patriarcal, mais preocupado em destruir do que em reunir as forças e a energia da mulher.

Faz-se necessário evitar uma exclusão ainda maior da mulher porque a ambos os gêneros se oferece, no mínimo, a oportunidade de se humanizarem mais no momento em que lançam um olhar crítico sobre a questão da exclusão. As mulheres representam mais da metade da população mundial, e efetivamente lidam com o tempo de uma forma diferente em seu cotidiano: emergir, crescer, amadurecer — todas essas ações constituem categorias de seu tempo, um momento de cultivar as relações e os relacionamentos humanos.

Assim, uma maior feminilidade não pode adquirir o significado de uma nova reserva para a mulher. Para mim, é mais importante escrever uma nova história das relações humanas como a experiência elementar que os seres humanos podem ter, uns com os outros, e com o mundo. Permitir tal proximidade não é uma exigência às mulheres ou mesmo aos homens, de uma forma isolada. Mulheres e homens — nós, portanto — somos capazes de chegar ao "ser mais" humano, juntos ou separados, buscando os meandros dos princípios, estruturas e formas pelas quais o sistema patriarcal atual exerce sua influência sobre nós e ao nosso redor.

O patriarcado não deve ser considerado o oposto de um mundo feminino. O patriarcado está dentro de nós — tanto em homens quanto em mulheres — e mais feminilidade não é sinônimo de um mundo dominado por mulheres. Mais feminilidade, em uma visão para ambos os gêneros, pode significar construir uma ponte para uma nova humanidade.

Acredito ser importante que não mais contemplemos e compreendamos os instrumentos de análise que Paulo Freire apresenta como "neutros" ou "não marcados por gênero". A opressão especificamente dirigida à mulher permeia as (clássicas) categorias opressor-oprimido em todo o mundo.

No tocante às mulheres como sujeito de aprendizagem, vou aprendendo, cada vez mais, que elas não apenas pensam de formas diferentes: elas são diferentes, refletem e agem de maneira diferente. Atribuo grande importância à concreção específica da mulher, introduzindo os métodos de Paulo Freire em nosso contexto. Em minha prática, descobri:

- Como a mulher codifica e decodifica de forma diferente.
- Como a mulher age de maneira diferente de acordo com ela própria.
- Como a mulher também se sente bloqueada e restrita.

Começo a observar como os homens são capazes de descobrir certos aspectos do elemento feminino, especialmente em situações nas quais as mulheres são cerceadas no ato de vivenciar e desenvolver sua feminilidade. Por essa razão, é importante para a mulher aprender não só entre mulheres, mas também para e com outra mulher, sem que para isso necessite de qualquer tipo de legitimação. Parece-me que o mesmo se aplica aos homens, mas também ao diálogo entre os gêneros, em que se permita amadurecer uma nova consciência para o feminino. Essa nova consciência é ao menos fonte de energia para a libertação da dominância das atitudes patriarcais e da dominação do mundo.

Em minha opinião, as diferenças entre os gêneros saltaram aos olhos de forma mais evidente durante os últimos anos, revelando uma nebulosa injustiça. Trabalhar sobre isso, realizar pesquisas e desenvolver perspectivas de ser um(a) propagador(a) desses aspectos parecem-me um grande desafio neste limiar do novo século, diante das possibilidades do novo milênio.

(KBG)

PARTE 2

Leituras sobre a pedagogia da libertação em diferentes contextos

11

O legado de Paulo Freire

Arve Brunvoll

Para aqueles que se encontram envolvidos com a pedagogia intercultural e a globalização da educação, a vida e o pensamento de Paulo Freire representam um desafio fundamental.

Freire foi, sem dúvida, um "cruzador de fronteiras", o que não significa que ele deslizasse em suas convicções. Seu pluralismo não era do tipo que relata a diversidade de opinião sem crítica, como se os diferentes modos de pensar fossem neutros. Seu compromisso com a verdade e a justiça nunca o abandonou, qualquer que fosse a fronteira que ele estivesse cruzando. Onde quer que Freire levasse a sua pedagogia, ele a representava como uma ação para a mudança e a liberdade. A pior distorção que se poderia fazer da sua pedagogia seria apresentá-la como um método para preservar um tipo de sociedade que não cumpre as suas promessas.

Como um cruzador de fronteiras, Freire uniu o local e o global, demonstrando que não existem interesses globais que não estejam estreitamente ligados aos compromissos locais. Foi por ser brasileiro que Freire pôde iniciar um movimento pedagógico global, pois compromissos internacionais começam "em casa".

Muitos consultores educacionais extrapartidos buscam e desfrutam "experiência internacional!". Quão longe eles se encontram da pedagogia do oprimido, da pedagogia da esperança e da pedagogia do coração!

12

Pedagogia como currículo da práxis

Antonio Fernando Gouvêa da Silva

Fazer da prática cotidiana o ponto de partida para a construção do conhecimento libertador é, sem dúvida, o que torna para mim a obra de Paulo Freire sempre atual e desafiadora. Criar e recriar coletivamente leituras de mundo, libertando oprimidos e opressores de práticas desumanas, é uma política sociológica, mas também meta epistemológica e antropológica do educador comprometido com a transformação da realidade injusta e antiética.

A educação *com* o educando, e não *para* ele, caracteriza a pedagogia de Freire. A prática educativa é sociointerativa entre homens e mulheres, sujeitos de histórias individuais e coletivas. Torna educandos e educadores capazes de, ao se distanciarem do mundo para melhor compreendê-lo, retornar a ele apreendendo-o de maneira diferenciada e reveladora para propor e recompor, modificando-o em busca do "inédito viável".[42]

---

42. Ver P. Freire, *Pedagogia do oprimido*. 18. ed. Rio de Janeiro: Paz e Terra, 1988, p. 110.

Fazer dessa pedagogia a prática tem sido a minha busca como profissional da Educação. Venho acompanhando os movimentos de reorientação curricular em alguns municípios que apresentam administrações populares comprometidas com a educação emancipatória: São Paulo, Angra dos Reis, Porto Alegre, Chapecó, Caxias do Sul e Gravataí.

Docente desde 1978, e na escola pública paulista desde 1982, durante anos considerei a opção profissional de atuar na escola pública como única referência necessária para o compromisso político com a educação popular. Concebia o educador como aquele que propicia o acesso aos conhecimentos, prepara aulas independentemente dos "ouvintes", que são espectadores de verdades científicas. Embora buscasse aprofundamento e atualização no conhecimento específico e um "aperfeiçoamento" das práticas pedagógicas, não questionava a intencionalidade dos conteúdos e dos objetos de estudo retirados de livros didáticos.

Posteriormente, tive um primeiro contato com a pedagogia freireana e, equivocadamente, passei a ilustrar o conteúdo do livro didático partindo de temáticas sociais amplas, utilizando recortes de jornal e atividades em grupo como práticas motivadoras e estimuladoras do processo de aprendizagem. Via o diálogo freireano como uma questão exclusivamente relacionada a uma postura respeitosa do educador em relação ao aluno, sem refletir, porém, sobre as implicações metodológicas e epistemológicas de sua prática.[43]

A participação como técnico educacional e assessor pedagógico na área de ciências físicas e biológicas na

43. P. Freire, *Pedagogia do oprimido.*

construção e implementação do projeto interdisciplinar, via abordagem temática, desencadeado pela Secretaria Municipal da Educação de São Paulo (PMSP/SME-1989-1992), e, hoje, como assessor pedagógico das Secretarias Municipais de Educação de outros municípios, permitiu-me questionar a minha prática e identificar processos pedagógicos alternativos ao tradicional, coerentes com as perspectivas políticas e sociais desejadas. Constatamos que a *Pedagogia do oprimido* vem orientando a construção do currículo com base em "temas geradores" em escolas dos municípios nos quais presto assessoria e, ainda, como a prática educativa pode ser dialogicamente sistematizada em momentos programáticos propostos por Freire no capítulo III dessa obra.

As ações iniciadas pelo Movimento de Reorientação Curricular da SME/PMSP, em 1989, e pelos grupos de formação permanente buscaram, tomando por base a construção coletiva, elaborar um currículo fruto de uma discussão permanente entre educadores(as) e comunidade.[44]

Por meio do programa geral de formação permanente dos educadores, procurou-se desvelar as contradições das práticas pedagógicas existentes, apontando para o movimento de reorientação curricular. Iniciou-se com a apresentação de uma proposta pela SME/PMSP: o Projeto da Interdisciplinaridade, via "tema-gerador", apoiado na dialogicidade como referência para a construção do currículo e como dinâmica proposta para a vivência das atividades em sala de aula. A opção pelo projeto era livre e garantia a autonomia da escola. Foram momentos de organização

---

44. *Idem, A educação na cidade*. São Paulo: Cortez, 1991.

na SME/PMSP: 1. Levantamento preliminar da realidade local; 2. Escolha de situações significativas; 3. Retirada e seleção dos temas geradores; 4. Redução temática; 5. Construção da programação e preparação das atividades para sala de aula.[45]

O levantamento preliminar da realidade local é feito com base nos dados quantitativos e qualitativos (estatísticos e antropológicos), coletados na comunidade. Buscam-se dados e informações tanto na comunidade escolar como na realidade local, mediante visitas, entrevistas, descrições do espaço social, problematizações das visões de mundo, contato com entidades públicas e privadas que contenham dados numéricos e históricos da região e documentação do cotidiano dos moradores.

Como são organizados os dados da realidade tendo em vista propiciar o fazer pedagógico? Que outros fatores devem ser considerados nessa construção?

É organizado um *dossiê* com o objetivo de caracterizar a rede de relações que perpassa a comunidade, sendo necessário, para tanto, desvelar a intencionalidade dos sujeitos históricos e de suas ações no cotidiano da comunidade e nos conteúdos não manifestos. Com base no levantamento de dados locais, os educadores(as), em grupo, após análise, selecionam situações significativas e temáticas.

Mas quando podemos considerar uma situação vivenciada pela comunidade como significativa?

---

45. P. Freire, *Pedagogia do oprimido*, 18 ed., D. Delizoicov, *Tensões e transições do conhecimento*. São Paulo, 1991. Tese (Doutorado) — IFUSP/FEUSP; M. C. A. Pernambuco, *et al.*, Significações e realidades: conhecimento. In: N. N. Pontuschaka (org.), *Ousadia no diálogo*. São Paulo: Loyola, 1993.

Da análise das falas realizada pelo grupo de educadores, enfatizam-se as contradições explicitadas pelos moradores, situações significativas frequentemente presentes e ricas no sentido emocional e aquelas que, embora implicitamente presentes, não constem da percepção dos indivíduos entrevistados. Esta é a chave programática central da proposta, ou seja, perceber os limites explicativos da comunidade, suas contradições e a tomada de consciência por parte dos(as) educadores(as) das diferenças na forma de compreender e atuar na realidade que eles possuem em relação à comunidade. De uma maneira sintética, podemos dizer que, durante a aplicação de toda a programação, temos como objetivo principal o estabelecimento de um diálogo entre essas duas visões de mundo: a da comunidade e a do grupo de educadores da escola.

São as "situações-limite" que, no entendimento de Freire, para se tornarem objeto de trabalho pedagógico devem ser passíveis de contraposições pela visão crítica do coletivo dos(as) educadores(as) sobre a mesma realidade e pela análise de tais situações, buscando-se, assim, superações e soluções até então despercebidas pela comunidade.

A escolha dos "temas geradores" se dá com base na discussão das possíveis situações significativas, considerando: o limite explicativo que a comunidade possui para tais situações; o entendimento dos(as) educadores(as) sobre elas; a análise e as relações que os(as) educadores(as) estabelecem nas diferentes áreas do conhecimento e, como tais, os temas refletem um contexto amplo da estrutura social. É assim que se concretiza esse processo de "redução temática". Uma situação significativa ou fala mais abrangente e ampla pode ser, ela mesma, elevada à condição de tema-gerador. Após o processo de escolha, é fundamental que os temas e as situações significativas que os geraram sejam apresentados à comunidade escolar e passem pela avaliação de relevância e pertinência de lideranças locais.

Todo tema traz dialeticamente em sua escolha um "contratema", implícito ou explícito. Da sua consciência e clareza dependerá o sentido programático que se pretende construir. Se podemos considerar o tema como ponto de partida pedagógico, o "contratema" seria uma bússola norteadora da síntese analítica, desveladora da realidade local que se pretende construir com os educandos. Com o intuito de torná-lo manifesto, elaboramos questões geradoras que irão nortear a construção e a organização dos programas. No bojo dessas questões, por sua vez, há toda a análise relacional coletivamente concebida com base no processo de redução temática (SME/PMSP, *Caderno de Formação*, n. 3, 1991).

Uma proposta educacional que busque ressaltar os significados dos conteúdos, de acordo com as situações analisadas, deve partir necessariamente da compreensão que os indivíduos têm das relações que estabelecem com o real vivido nas mais variadas circunstâncias.[46] Sugere, portanto, um estudo da realidade em que o educando e a educanda convivem em diálogo com a visão dos(as) educadores(as).

Ser flexível em razão da demanda concreta da escola é fundamental em todo o processo de acompanhamento,

46. P. Freire, *Pedagogia do oprimido*, 18 ed..

pois acreditamos ser esta a forma que possibilita e respeita a construção coletiva e a apreensão do conhecimento pelo grupo, o que vai permitindo a compreensão melhor da metodologia dialógica proposta, tanto para a construção do programa como para a preparação das atividades de sala de aula. Após a discussão, as relações estabelecidas são reavaliadas e o grupo sistematiza as duas visões da problemática local, seguindo critérios e categorias que o processo demanda. As relações propostas pelo grupo constam de uma rede que inicia o processo de redução temática.

O principal objetivo da redução temática é estabelecer um diálogo entre cidadãos detentores de diferentes conhecimentos sobre uma mesma vivência, ou seja, transformar a rede de relações que o grupo escola-comunidade produziu, com base na leitura crítica da realidade local, em material didático-pedagógico, organizado metodologicamente para o diálogo em sala de aula.

Para construir essa organização programática realiza-se, inicialmente, uma análise das relações que foram percebidas nas falas significativas da comunidade, presentes no levantamento preliminar. Tais relações, bem como o tema gerador selecionado, são representadas na base da rede temática. Procura-se privilegiar falas que sintetizam as concepções de mundo, contradições sociais explicitadas e limites explicativos dessas visões.

Uma segunda parte da rede é construída propondo as relações entre os elementos da organização social que os (as) educadores(as) envolvidos no projeto qualificam como as mais consistentes para analisar os problemas locais. Parte-se da micro para a representação da macroestrutura social, buscando-se as relações sociais e conexões entre ambas. Equipamentos coletivos públicos relacionados com a temática a ser trabalhada devem ganhar destaque na representação da infraestrutura local. Os aspectos históricos, econômicos e culturais da organização social e as transformações espaço-temporais dela provenientes devem também ser contemplados na dimensão local e na organização mais ampla da estrutura social.

A busca dos "porquês" das relações propostas pelo próprio grupo permite uma explicitação dos conhecimentos que subsidiam a construção da rede temática, apontando, portanto, para a seleção e "sequenciação" dos conteúdos programáticos. Os conhecimentos, metodologicamente organizados, darão concretude em sala de aula à vivência de um diálogo libertador entre educadores e educandos, não mais oprimidos, mas sujeitos históricos em emancipação.

Os conhecimentos que diferenciam o senso comum do pensamento científico estão mais próximos dos instrumentos utilizados na análise das relações do que das informações sobre o objeto de estudo. Este é o principal motivo da ênfase dada ao trabalho pedagógico que privilegia a construção e a apreensão de conceitos como parâmetros analíticos fundamentais para a compreensão profunda das relações sociais em questão, e não à abordagem fragmentada de objetos da "pedagogia bancária". Conceber a realidade vivenciada como uma rede de relações já é, em si, uma conceituação com base em um posicionamento pedagógico-epistêmico.

Esse processo de discussões, análises e sínteses é registrado com a construção da rede temática que relaciona as visões da comunidade e dos educadores sobre a realidade vivida, percebida e concebida. É uma tentativa de totalização histórica dos fenômenos sociais, econômicos e culturais que ocorrem no espaço e no tempo. Mais do que um simples registro do processo, a rede temática é um distanciamento e uma *releitura* coletiva da realidade em que a escola está inserida, e passa a ser um instrumento pedagógico indispensável para a construção de qualquer programação ou atividade pela escola. Valendo-se dela, ocorrerá a seleção das situações e dos temas geradores que serão abordados nas diferentes séries e classes.

A experiência em São Paulo me levou a atuar, hoje, como assessor pedagógico em movimentos de reorientação curricular nos municípios mencionados, nos quais a educação popular libertadora de Freire continua a ser a referência primeira para a construção de uma escola crítica, participativa e cidadã.[47]

47. SMED/PMPOA, *Cadernos*, n. 4, 1995.

13

Aproximando-me

Arantxa Ugartetxea

Para mim, é uma satisfação imensa colaborar do Euskal-Herria (País Basco), onde nasci e onde atualmente vivo, com o intuito de incrementar as vivências da palavra escrita do professor Paulo Freire, que chegou até nós por meio de seu livro *Pedagogia do oprimido*, há trinta anos.

Eu me aproximei dessa pedagogia na Colômbia, há mais ou menos 27 anos. Fui vivenciando de uma forma progressiva esse processo de aproximação com relação ao livro citado. No início, à primeira leitura, sempre realizada com o acompanhamento de outros livros da época, foi como encontrar a explicitação dessa educação que eu queria ter tido, ou seja: a que não é "bancária", mas participativa e, ao mesmo tempo, comprometida.

A obviedade da não neutralidade da educação me interpelou profunda e suavemente. Eu parecia estar lendo o desejo do povo basco na sua procura por liberdade, e vi com enorme satisfação que a forma expressa pela qual as escolas bascas (*Ikastolak*) iam se desenvolvendo estava mais para a linha dessa pedagogia de Paulo Freire do que para outras. Destaquei, desse livro, várias frases, pequenos textos, palavras etc. Estava vislumbrando uma nova forma de viver a educação e tudo isso acontecia enquanto me graduava em Pedagogia (1977-1982).

O segundo passo importante nessa aproximação foi conhecer o professor Paulo Freire, quando participei de três cursos de pós-graduação na PUC de São Paulo. Lembro-me do primeiro dia em que me encontrei com ele. Ainda hoje vivencio aquele respeito e admiração a quem me brindou com a sua amistosa acolhida, ao deixar que eu participasse como ouvinte em suas aulas. O que vivi como aluna foi, para mim, a experiência vivenciada da sua palavra escrita. Muitas vezes, eu dizia a mim mesma que a pessoa superava o livro. Estava fascinada pelo professor que praticava o diálogo e a ausência de autoritarismo dentro do programa curricular. Como aluna, tive uma experiência extraordinária e por isso quero preservá-la, tentando me aproximar cada vez mais dessa pedagogia realmente libertadora.

Assim fui descobrindo, pouco a pouco, como podia ser vivificado o diálogo entre professor e aluna(o); como, ao descobrir a realidade, aparece a não neutralidade; como a crítica é o ponto de partida na reconstrução pessoal e social; e vislumbrei a arte de educar, uma educação mais ética e mais humana. Eu já estava no caminho da transformação, desejando sempre avançar e aprofundar-me tanto na pessoa quanto em sua palavra oral e escrita.

O passo seguinte ocorreu quando, ao voltar à minha terra, retomei seus livros e os reli, um por um. Ao fazê-lo, me reportava às aulas e sentia a sua presença profissional, cordial e amistosa. Tinha conseguido compreender sua teoria e sua prática. Creio que foi nesses momentos que eu realmente percebi com mais clareza como essa pedagogia ia me libertando. Experimentei uma espécie de euforia como quem finalmente encontra o que procura.

Assim estava quando soube de sua morte. Senti uma imensa tristeza. Tinha chegado o momento de explicitar meu processo de aproximação à sua pedagogia e agora ele já não estava conosco. Meu consolo é pensar que alguma coisa ele deve ter percebido quando frequentei suas aulas e desfrutei de sua amizade.

Compreendendo, enfim, que minha transformação real se vivencia na prática, hoje, no meu trabalho educativo, procuro ser menos autoritária. Sinto o aluno como copartícipe na busca do conhecimento e tento viver à vontade, na minha cidade e com meus amigos, amparada por essa pedagogia que me constrói por dentro. Sempre encontro em sua palavra escrita aquela tranquilidade que me faz sentir melhor, à medida que teoria e prática se aproximam.

Essa responsabilidade profissional é de uma atualidade permanente em qualquer espaço-tempo da história que nos concerne: por isso sua importância, somada ao fato de que a *Pedagogia do oprimido* será sempre atual no que diz respeito ao compromisso humano e profissional.

Envio o meu abraço, com sincera afeição, aos professores(as) e alunos(as) e, ao fazê-lo, penso que estou na PUC de São Paulo, em uma daquelas aulas nas quais tive o privilégio de compartilhar junto com muitos outros a presença participativa de um *professor* excepcional, que nos deixou vivências e palavras em prol de uma educação profissional e responsável pela construção de um mundo mais humano.

(MXO)

14

Paulo Freire: memórias como narrações compartilhadas

Célia Linhares

Sempre que me debruço sobre os trabalhos de Paulo Freire, aprendo um pouco mais com sua maestria em construir drenagens e canalizações por onde ele faz fluir memórias suas e nossas: memórias que vão enfraquecendo mecanismos de opressão, não só por denunciá-los, exibindo os funcionamentos de sua produção e manutenção, mas por nos convidar a também fazê-lo, atentando para sua precariedade histórica, com seus vazios, suas rachaduras e contradições. Cada um se constitui como um chamado para nossa ação, alimentada e movida por esperanças.

Nessa maestria reside um irresistível fascínio da obra freireana: fazer drenos e canais — pela conjugação de uma estrutura conceitual própria, sempre em movimento, na busca de enfrentar desafios, de forma a crescermos com eles. Nesse empenho de saturar-se do circunstancial para transcendê-lo, de adentrar-se nas práticas sociais e pedagógicas, apropriando-se delas para desmistificá-las e abri-las ao diálogo, Paulo Freire se apropria tanto do teórico como do vivido, lendo desde acontecimentos sutis até aqueles considerados desprezíveis, para atravessá-los de múltiplos sonhos, de desejos vitais e utopias coletivas. Por isso, drenos e canais em sua obra correm subterrâneos quase imperceptíveis, demarcando simultaneamente as margens do narrável, mas também operando um salto de reversibilidade, deixando-as entreabertas para buscas, práticas e riscos da liberdade. Nesse fechar para abrir, vão se potencializando múltiplas promessas, por meio de pensamentos e narrações como processos compartilhados e solidários com os quais sempre nos sentimos revigorados para atuar, recriando a cultura, a vida, o universo.

Esse encantamento subsiste porque vamos nos identificando não só com argumentos e imagens que se alternam e se encadeiam em suas narrações, mas também nos ajudando a reconstituir-nos, a nós mesmos, nessa teia narrativa. Isto porque, longe de nos destinar o lugar de observadores de uma suposta realidade externa, Paulo Freire nos provoca internamente, sacudindo conformismos e nos fazendo reconhecer nossos limites: a incompletude de que somos feitos e a necessidade de recomeçar, reavaliando nossas organizações como estratégias para ir rompendo processos de submissão que nos aprisionam.

Como Paulo Freire nos faz colar tanto no miudinho do dia a dia, roçando com curiosidade e prazer o corpo inteiro na realidade pulsante, sem nos deixar aprisionados às rotinas e, portanto, sem nos privar de impactos, de estranhamentos e surpresas?

Estou convencida de que suas palavras, seu tom, sua perspectiva, embora despretensiosos, longe das certezas dogmáticas, parecem sempre grávidos[48] de memórias e projetos, atingindo-nos em um tom próximo e sincero para, de forma penetrante, nos arrancar do familiar e do natural, lançando-nos em uma trama que nos faz ver de frente problemas que nos intimidavam e que, embora pertencendo a nós, também nos ultrapassam porque são vinculados e produzidos por um tempo e cultura, tecidos por uma multiplicidade de conexões históricas.

Sem fugir de sua realidade como sujeito individual, com uma narrativa singular, Paulo Freire sempre abre comportas para uma comunicação, que admite em si mesma as diferenças, mas que se oferece como uma companhia, rompendo barreiras do isolamento em uma cultura de hierarquias e desvinculações. Por isso mesmo, fortalece nossos exercícios de rememorar e narrar confluências e dissonâncias, que devem conviver na educação, na política e na sociedade com a vigilância contra as desigualdades, sobretudo em um país como o nosso, forjado sob o modelo da "casa grande e senzala" e as ameaças da inquisição.

Importa não deixar a cultura se perder em uma poeira de fragmentos e atentar para as interdependências que a percorrem e a organizam, mesmo em suas contradições e antagonismos. É urgente conectar o direito ao avesso dessa realidade plural que constituímos e por ela somos também constituídos.

---

48. "Palavras grávidas" é uma expressão que me parece muito pertinente ao trabalho de Paulo Freire e que tomo emprestada de Francisco Gregório Filho, que a usa em seu livro *Guardados do coração:* memorial para contadores de histórias. Rio de Janeiro: Amais, 1998.

Vale a pena rememorar o Mestre e seu legado de memórias narradas sempre de modo a nos mostrar que são os drenos e canais que poderão fazê-las fluir em uma direção que amplie o humano na humanidade: "Às vezes, nós é que não percebemos o 'parentesco' entre os tempos vividos e perdemos assim a possibilidade de 'soldar' conhecimentos desligados e, ao fazê-lo, iluminar com os segundos a precária claridade dos primeiros."[49]

---

49. P. Freire, *Pedagogia da esperança*: um reencontro com a *Pedagogia do oprimido*. São Paulo: Paz e Terra, 1993, p. 19.

15

Uma pedagogia do (outro) descobrimento

Danilo R. Streck

Há certos fatos que com o passar dos anos a memória se encarrega de tornar mais vivos e presentes, destacando os seus contornos e ampliando o seu significado. O meu primeiro encontro com o orientador de estudos de pós-graduação, em Princeton (Estados Unidos), em 1973, é um desses fatos. Sentado em sua sala com paredes repletas de livros, ele foi diretamente ao assunto. Teríamos um seminário básico no qual seria lido, além dos livros de John Dewey e de outros autores considerados fundantes para a prática educativa, a *Pedagogia do oprimido.*[50] Comentou então que eu, decerto, estava bem familiarizado com esse educador brasileiro e que o livro deveria ser conhecido por mim. Não sei o que respondi, mas tenho certeza de que tive vergonha de dizer a verdade.

Com exceção de comentários extraclasse, eu de fato desconhecia Paulo Freire. Também não havia lido a *Pedagogia*

50. P. Freire, *Pedagogia do oprimido.* Rio de Janeiro: Paz e Terra, 1981.

do oprimido, que começava a fazer parte das bibliografias básicas naquele país. Encontrava Paulo Freire, portanto, não como tantos exilados o fizeram, como a um velho e conhecido companheiro, mas como alguém que descobria nele uma parte da realidade que havia sido negada. A repressão havia deixado as suas marcas e se mostrado eficiente em ocultar as partes indesejáveis da História.

Desde a leitura da *Pedagogia do oprimido*, Freire foi para mim uma companhia constante e comecei a acompanhar o que escrevia e fazia, naquela época já no Conselho Mundial de Igrejas, em Genebra. Além do livro de Paulo Freire, havia dois outros, publicados mais ou menos na mesma ocasião, que formavam um conjunto que, naquele período, pareciam expressar o clima do momento, especialmente na interface da teologia e da pedagogia. Refiro-me à *Teologia da libertação*, de Gustavo Gutierrez (publicado em 1971) e *A Theology of Human Hope*, de Rubem Alves (publicado nos Estados Unidos, em 1969, e no Brasil, em 1987, com o título *Da esperança*).[51] Além dos livros, fui encontrando professores e colegas, sobretudo do Chile e da Argentina, que haviam vivenciado as durezas da repressão.

Esses livros e contatos trouxeram à tona outras experiências que haviam sido parte de minha formação. No início dos anos 1960, uma Kombi da Prefeitura de São Leopoldo distribuía os alunos da Escola Normal nas vilas para "dar aulas" de alfabetização e de educação básica para adultos. Encontrar os livros de Paulo Freire foi como

---

51. G. Gutierrez, *A Theology of Liberation*. Nova York: Orbis Books, 1973; R. Alves, *Da esperança*. Campinas: Papirus, 1987.

reencontrar o fio de uma história que havia sido interrompida. Não falávamos em círculos de cultura e não usávamos a metodologia proposta por Freire, mas éramos movidos pelo mesmo desejo de instrumentalizar política e profissionalmente os moradores dessas vilas.

Acredito que *Pedagogia do oprimido* representa, no campo pedagógico, um ponto de confluência dessas inúmeras práticas e reflexões que vinham acontecendo. Se o livro em tão pouco tempo conquistou seu lugar entre os clássicos da educação, não é por algum tipo de oportunismo ou de *merchandising*, mas porque ele captou o clima que se vivenciava na época. Com ele, Paulo Freire acertara "na veia", expressando aquilo que setores da sociedade que desejavam mudanças "sabiam", mas não haviam conseguido verbalizar. Ele inventou uma linguagem para pronunciar o que alguns diziam em fragmentos e outros intuíam e buscavam praticar.

Por expressar o que tanta gente — gente tão diferente — sentia ou pressentia, o livro também não tem um sentido único e *uma* interpretação correta. Ele é mais propriamente um lugar de encontro de educadores e educadoras, como de profissionais de áreas tão diferentes como teologia e teatro, que ali buscaram e continuam buscando guarida e sustento para a sua práxis. Havia no livro uma universalidade que se originava de sua radicalidade pela opção por um projeto político alternativo, impulsionado pelos setores marginalizados e excluídos.

Se a *Pedagogia do oprimido,* ao mesmo tempo que encanta, é extremamente vulnerável a críticas de todos os lados, é porque essa perspectiva de mudança está assentada sobre um paradoxo: de que a debilidade dos fracos se constitui na força para gerar uma nova realidade capaz de superar a dicotomia opressores *versus* oprimidos. Dito com suas palavras: "Só o poder que nasça da debilidade dos oprimidos será suficientemente forte para libertar a ambos."[52]

Dentre as muitas leituras possíveis, desejo destacar aquela que em *Pedagogia do oprimido* propicia um encontro com a nossa realidade encoberta e por isso mesmo silenciada. É uma leitura oportuna neste momento em que tanto se fala nos festejos dos quinhentos anos de descobrimento do Brasil, esquecendo que também são quinhentos anos de encobrimentos. Nesse sentido, a *Pedagogia do oprimido* pode continuar sendo a inspiração para a pedagogia do outro descobrimento ou, quem sabe, de outros descobrimentos.

Para mim, o livro começou a provocar uma nova atitude diante da realidade que vivia e que não conhecia e, junto com isso, comprometia a um desvelamento do próprio educador que vinha sendo e que desejava continuar sendo. Este parece ser o grande programa do livro, já afirmado no segundo parágrafo: "Mais uma vez os homens, desafiados pela dramaticidade da hora atual, se propõem, a si mesmos, como problema. Descobrem que pouco sabem de si, de seu 'posto no cosmos', e se inquietam por saber mais."[53]

Foi esse o efeito que o livro exerceu sobre mim e, pelos muitos depoimentos que li e ouvi, também sobre os outros. É um livro que desassossega, que inquieta e até incomo-

---

52. P. Freire, *Pedagogia do oprimido*, p. 31.
53. *Ibidem*, p. 29.

da. Um livro que exige um posicionamento do leitor e da leitora, mas que ao mesmo tempo lhe ajuda a situar-se, a encontrar um posicionamento próprio.

Pretendo, abaixo, indicar algumas dimensões deste outro descobrimento a que *Pedagogia do oprimido* continua nos desafiando:

- UM JEITO DIFERENTE DE FAZER PEDAGOGIA: *Pedagogia do oprimido* escancara o fato da não neutralidade pedagógica e assume claramente o lugar social de onde essa pedagogia é feita. Como Freire ratifica em *Pedagogia da autonomia:* "O meu ponto de vista é o dos 'condenados da Terra', dos excluídos."[54] A esses mesmos ele já havia dedicado a *Pedagogia do oprimido:* "Aos esfarrapados do mundo e aos que neles se descobrem e, assim, descobrindo-se, com eles sofrem, mas, sobretudo, com eles lutam."[55]

Essa constatação implica não apenas um novo conteúdo para a pedagogia, mas sobretudo uma nova maneira de fazer a pedagogia. No caso, os próprios oprimidos são os sujeitos do "partejamento de sua pedagogia libertadora".[56] O intelectual não é alguém que, de fora, elabora princípios e estratégias a serem "aplicados" à realidade, mas aquele que empresta seus sentidos, seus conhecimentos e instrumentos para a elaboração e sistematização dessa pedagogia que é *do* oprimido e não *para* o oprimido. Nesse processo, não são dispensáveis os conhecimentos teóricos e

---

54. P. Freire, *Pedagogia da autonomia*. Rio de Janeiro: Paz e Terra, 1996, p. 16.
55. P. Freire, *Pedagogia do oprimido*.
56. *Ibidem*, p. 32.

o diálogo com a academia. As notas de rodapé em *Pedagogia do oprimido* são um sinal da ampla interlocução que Freire, ao gestar seu método dentro da práxis, realiza com autores tão diferentes como Husserl e Che Guevara. O saber (também pedagógico) da experiência é dialeticizado com o saber acadêmico, não para uma espécie de purificação alquímica, mas para a geração de um novo saber.

A própria pedagogia é, com isso, desafiada a se reinventar, uma vez que nem realidade nem opressão são grandezas e conceitos estáticos. Paulo Freire testemunha isso ao mostrar como a *Pedagogia do oprimido* se transforma ou, como Paulo Freire preferiria, se prolonga na *Pedagogia da esperança* e na *Pedagogia da autonomia*. Trata-se, simultaneamente, da mesma pedagogia porque se mantém fiel a um "núcleo duro" constituído pela opção ética e compreensão antropológica, mas também de uma pedagogia diferente, pois os problemas exigem novas respostas. Por exemplo, *Pedagogia da esperança* retrata o fim dos sonhos de mudança revolucionária da forma como estavam colocados nos anos 1960 e 70. Agora, no rastro da "década perdida" no país e da inconteste hegemonia do capitalismo sob forma de neoliberalismo, restava educar a própria esperança, às vezes a única coisa que ainda sobrava para quem via o mundo globalizar-se sobre sua cabeça.

Assim como a realidade se desvela e se oculta, assim também a pedagogia se encontra nesse constante processo de reconstrução. Paulo Freire elabora sua pedagogia dentro dessa dinâmica de autodesvelamento da prática educativa, rompendo a dicotomia teoria-prática por meio de um processo em que a prática se "surpreende" na teoria e a teoria se revela na prática. Educador-educando e educando-educador descobrem-se, assim, como sujeitos de sua pedagogia.

- UM NOVO "POSTO NO COSMO": Em julho de 1968, o primeiro homem pisava na lua. Descontando o sentido propagandístico da "conquista do espaço", dentro do contexto da Guerra Fria, é inegável que esse acontecimento repercute na *Pedagogia do oprimido*. O fato de podermos olhar para nós mesmos e para o nosso planeta através das lentes instaladas em satélites começou a gerar uma nova consciência a respeito do lugar que a Terra e que nós mesmos ocupamos no espaço, impondo-nos, sobretudo, a exigência de novos compromissos éticos e políticos.

Não é casual a longa nota no início do primeiro capítulo de *Pedagogia do oprimido* na qual Paulo Freire vê, especialmente na revolta dos jovens, a expressão dessa busca por um novo lugar no cosmo. "Todos estes movimentos", conclui a nota de rodapé, "refletem o sentido mais antropológico do que antropocêntrico de nossa época".[57]

Ao mesmo tempo que Paulo Freire afirma a necessidade de se lutar contra as forças que promovem a desumanização, ele já aponta para um novo "posto" desse homem e dessa mulher que surgem nesse mundo novo, um mundo menos antropocêntrico em que o ser humano seja capaz de ver-se como parte de processos vitais maiores.

Uma das lições que Paulo Freire deriva dessa cosmovisão é a da humildade, condição básica do diálogo que, por sua vez, caracteriza o ser (ou o *estar sendo*) radical,

---

57. P. Freire, *Pedagogia do oprimido*.

em contraposição ao ser (ou estar sendo) sectário. Desde *Educação como prática da liberdade* ele enfatizava a distinção entre radicalidade e sectarismo. O radical é alguém que se insere criticamente na história, isto é, sem ser passivo, mas também sem pretender ser seu "proprietário".[58] O sectário, por outro lado, ao transformar o relativo em absoluto, é incapaz do verdadeiro diálogo. Fechado em suas verdades, "o sectário nada cria porque não ama".[59]

Parece que no seu último livro, *Pedagogia da autonomia,* Paulo Freire radicaliza essa sua posição política e epistemológica quando diz que "uma das condições necessárias para pensar certo é não estarmos demasiado certos de nossas certezas".[60] A nova visão de mundo é incompatível com a "desvergonha da arrogância de quem se acha cheia ou cheio de si mesmo".[61]

A complexidade do mundo e das relações não leva à passividade diante das incertezas, mas desafia a correr o risco de pensar certo, embora sabendo da provisoriedade e precariedade das certezas conquistadas. As questões sociais candentes e urgentes não saem da pauta de Paulo Freire, mas elas são ressignificadas em um contexto em que a própria história é vista como parte de uma trama mais ampla da vida.

Procurei enfatizar, neste texto, o que considero uma das grandes virtudes do pensamento pedagógico de Paulo

---

58. P. Freire, *Educação como prática da liberdade.* Rio de Janeiro: Paz e Terra, 1980, p. 50.
59. *Ibidem*, p. 51.
60. P. Freire, *Pedagogia da autonomia*, p. 30.
61. *Ibidem*, p. 31.

Freire. Por um lado, há nele algumas convicções das quais não abre mão. Pelo contrário, ao longo do tempo elas vão se radicalizando. Como raízes de uma árvore, elas vão se aprofundando e buscando novas fontes de sustentação. Por outro, ao formarem uma espécie de espinha dorsal, essas mesmas convicções permitem que Freire tenha uma imensa liberdade de explorar áreas ou práticas diferentes, nas quais as contradições a elas inerentes — porque a coerência não é um estado, mas uma constante conquista — são assumidas para darem origem a algo novo, diferente.

A *Pedagogia do oprimido,* com seus vários desdobramentos, pode por isso continuar sendo uma pedagogia do outro descobrimento: da realidade que nos é ocultada ou que se oculta à medida que dela nos aproximamos; e também de nós mesmos na medida em que continuarmos a propor a nossa existência como problema pelo reconhecimento de que no cosmo não temos um lugar fixo nem uma medida preestabelecida.

16

A pedagogia antimétodo: uma perspectiva freireana

Donaldo Macedo

À MEDIDA QUE O "modelo bancário" capitalista de educação vai gerando cada vez maiores malogros, muitos educadores liberais e neoliberais dos Estados Unidos passam a olhar para a pedagogia de Paulo Freire como uma alternativa. Não há mais o argumento de que a pedagogia freireana seja apropriada apenas para os contextos do Terceiro Mundo.

Por um lado, experimentamos uma rápida terceiro-mundialização da América do Norte, onde as periferias urbanas se parecem mais e mais a favelas terceiro-mundistas, com altos níveis de pobreza, violência, analfabetismo, exploração humana, desabrigos e miséria. Essa terceiro-mundialização das periferias urbanas norte-americanas produziu também malogros educacionais em larga escala, que criaram entre os estudantes minoritários níveis de desistências de 50% nas escolas públicas de Boston e de 70% na grande área metropolitana da cidade de Nova York.

Contra a paisagem do malogro educacional, os educadores conservadores se recolheram em uma tentativa de salvar o *status quo* da contenção da "mestiçagem" da América. Esses conservadores têm tentado se reapropriar do debate educacional e estruturar um discurso pelo aspecto da competição e da privatização das escolas. O currículo oculto do movimento da privatização escolar consiste em tirar os recursos das escolas pobres, que estejam a ponto da bancarrota, para apoiar escolas privadas bem-sucedidas, ainda que sustentadas por fundos públicos.

O que raramente se discute no debate escolar na América do Norte é o fato de serem as escolas públicas parte e parcela do tecido de qualquer sociedade democrática. A sociedade que equipara uma privatização lucrativa com a democracia é uma sociedade com uma confusão de prioridades. Uma sociedade que acredita falsamente em uma visão de colapsos das poupanças e dos empréstimos e nos escândalos de Wall Street, e que a qualidade, a produtividade, a honestidade e a eficiência só podem ser atingidas por meio do lucro privado, é uma sociedade que se mostra em decadência ética e intelectual.

Seguindo a linha da argumentação de que o "privado" é sempre o melhor, perguntaríamos com Jack Beatty: "Teríamos de montar um Pentágono privado para melhorar o nosso sistema de defesa pública?"[62] Poderia a lógica do *privado-é-melhor* erradicar os contínuos problemas com os militares, que vão do assédio sexual a pagamentos de bilhões por aviões que não voam? Muitos americanos achariam a privatização do Pentágono um absurdo total, exigindo uma forte defesa como prioridade nacional. Em

62. Jack Beatty, *The Boston Globe*. Boston, 14 ago. de 1992.

vez de se desmantelar mais a educação pública, acredito que devíamos torná-la uma prioridade nacional. Eu diria ainda que a salvaguarda da nossa democracia repousa muito mais na criação de uma educada e inteligente cidadania do que na criação de bombas inteligentes.

Em contraste à noção mercantil da reforma escolar nos Estados Unidos, muitos liberais e neoliberais têm descoberto Freire como uma alternativa à educação domesticada e conservadora, a que equipara a ideologia do livre mercado à democracia. Parte do problema com alguns desses educadores pseudocríticos é que, em nome da pedagogia da libertação, reduzem as principais ideias de Freire a um método. Segundo Stanley Aronowitz, o fetiche norte-americano pelo método permitiu que as ideias de Freire fossem "assimiladas pela prevalecente obsessão da educação da América do Norte, seguindo a tendência em todas as ciências humanas e sociais, com os métodos — de verificação do conhecimento e, em escolas, do ensino, o que significa transmitir conhecimentos para estudantes despreparados".[63]

Esse fetiche pelo método trabalha insidiosamente no sentido contrário do próprio pronunciamento de Freire contra a importação e exportação da metodologia. Em uma longa conversa que tivemos sobre o assunto, disse-me: "Donaldo, eu não quero ser importado ou exportado. É impossível exportar práticas pedagógicas sem reinventá-las. Por favor, diz aos teus colegas educadores

63. S. Aronowitz, Paulo Freire's Radical Democratic Humanism. In: P. McLaren, P. Leonard (Ed.), *Paulo Freire:* A Critical Encounter. Londres: Routledge, 1993, p. 8.

americanos para não me importarem. Peça-lhes para recriarem e reescreverem as minhas ideias."

As principais ideias de Freire concernentes ao ato de aprendizagem transcendem os métodos pelos quais é conhecido. De fato, segundo Linda Bimbi: "A originalidade do trabalho de Freire não reside na eficácia dos seus métodos de alfabetização, mas, sobretudo, na originalidade do seu conteúdo designado para desenvolver as nossas consciências"[64] como parte de uma pedagogia humanizada. Segundo Freire,

> uma educação humanizada é o caminho pelo qual homens e mulheres podem se tornar conscientes da sua presença no mundo. A maneira como atuam e pensam quando desenvolvem todas as suas capacidades, tomando em consideração as suas necessidades, mas também as necessidades e aspirações dos outros.[65]

Dito isso, por que é que alguns educadores, na sua tentativa de quebrar as cadeias das práticas educacionais opressivas, advogam cegamente o modelo dialógico, criando, por seu turno, uma nova forma de metodologia rígida atada à opressão benevolente? Tudo feito sob a capa da democracia, com o único propósito que tal seja para o "teu próprio bem". Muitos de nós temos testemunhado contextos pedagógicos nos quais, implícita ou explicitamente, é requerido que "tu fales, fales acerca da tua experiência como um ato de libertação". Todos nós temos estado em conferências

---

64. Citada em M. *Gadotti, Convite à leitura de Paulo Freire*. São Paulo: Scipione, 1989, p. 32.
65. P. Freire; Frei Betto, *Essa escola chamada vida*. São Paulo: Ática, 1985, p. 14-5.

nas quais o conferencista é castigado porque deixou de se situar na história, por ter deixado de dar primazia às suas experiências ao abordar assuntos críticos da democracia.

A apropriação do método dialógico como um processo de troca de experiências é muitas vezes reduzida à forma de terapia de grupo que se foca na psicologia individual. Embora alguns educadores talvez pretendam que esse processo crie uma zona de conforto pedagógico, na minha opinião, ele faz pouco mais do que criar no oprimido uma boa sensação acerca de seu sentimento de vitimização. Em outras palavras, a troca de experiências não deve ser entendida em termos psicológicos apenas. Ela requer também uma análise política e ideológica. Essa troca precisa ser entendida sempre dentro da práxis social que leva à reflexão e à ação política. Em suma, ela precisa envolver sempre um projeto político, com o objetivo de desmantelar os mecanismos e as estruturas opressoras.

Essa ênfase na celebração das experiências individuais que caracterizam alguns elementos da "pedagogia crítica" norte-americana oferece uma visão reducionista da identidade e vivência das problemáticas do poder, agência e história. Em razão do excesso de indulgência com o legado e a importância das suas vozes e experiências respectivas, esses educadores muitas vezes deixam de ir além da noção ou da diferença estruturada na polarização dos binarismos e do apelo acrítico para o discurso da experiência.[66] Por

---

66. H. Giroux, The Politics of Difference and Multiculturalism. In: ______. The Era of the Los Angeles Uprising. *Journal of the Midwest Modern Language Association* [no prelo].

essa razão, eles evocam um modo pedagógico romântico que exorciza experiências vividas como um processo de chegada para a voz, e pela recusa de ligá-las à política da cultura e à democracia crítica, esses educadores reduzem a sua pedagogia à forma de um narcisismo de classe média. Por um lado, o método dialógico proporciona aos participantes o espaço da terapia de grupo e, por outro, oferece ao educador ou facilitador uma zona pedagógica segura com as suas culpas de classe.

Ao recusar em lidar com o assunto do privilégio de classe, o educador pseudocrítico dogmaticamente pronuncia a necessidade de promover os estudantes, de dar-lhes voz. Tais educadores são traídos pela sua própria linguagem. Em vez de serem criadas estruturas pedagógicas que permitiriam aos estudantes oprimidos se promoverem, proclamam de forma paternalista: "Precisamos promover os estudantes." Essa posição muitas vezes conduz à criação do que eu chamo de *pimps* da alfabetização e pobreza para acrescentar que, enquanto proclamam a necessidade da promoção dos estudantes, eles na verdade consolidam as suas próprias posições privilegiadas.

É essa atitude colonizante e paternalista que levou uma colega a pronunciar publicamente, em uma grande conferência, que as pessoas da comunidade não precisavam ir para a faculdade, pois, a partir do momento que sabiam mais do que os membros da comunidade universitária, a universidade pouca coisa lhes poderia ensinar. Enquanto fazia essa afirmação pública, essa minha colega estava ocupada com mudanças de uma periferia urbana para um subúrbio próspero, levando em conta melhores escolas para as suas crianças.

Uma atitude similar emergiu em uma reunião para desenvolver uma proposta de subsídio para uma relação da comunidade com a universidade. Durante a reunião, uma professora liberal branca corretamente protestou a ausência, no comitê, de membros da comunidade. Entretanto, numa tentativa de valorizar a base de aprendizagem comunitária, ela rapidamente caiu no paternalismo romântico afirmando que as pessoas desse grupo social sabiam muito mais do que os professores da universidade e que deveriam vir para nos ensinar em vez de nós lhes ensinarmos. Essa posição não só desencoraja os membros da comunidade no acesso ao capital cultural ao qual os professores têm enormemente beneficiado, como desfigura igualmente o contexto da realidade que faz que o capital cultural da universidade seja indispensável para qualquer tipo de promoção real. Isso também cheira à falsa generosidade paternalista a que Freire se opõe veementemente:

> A pedagogia do oprimido animado de autêntico humanismo e não humanitarismo apresenta-se generosamente como uma pedagogia do homem [da mulher]. A pedagogia que começa com os interesses egoístas dos opressores (um egoísmo calcado na falsa generosidade do paternalismo) e faz dos[as] oprimidos[as] objetos do seu humanitarianismo, ela própria mantém e corporiza a opressão. É um instrumento da desumanização.[67]

67. P. Freire, *Pedagogy of the Oppressed*. Nova York: Continuum Publication, 1990, p. 39.

A atitude pedagógica paternalista representa um narcisismo de classe média levantado pelos educadores pseudocríticos, parte instrumental da abordagem a que eles dizem renunciar. A abordagem instrumentalista da alfabetização não tem só como objetivo que os leitores atinjam os requisitos básicos da nossa sociedade contemporânea, conforme proposto pelos educadores conservadores. A alfabetização instrumentalista inclui também o alto nível da alfabetização mediante o "especialismo" disciplinar e a hiperespecialização.

Os educadores pseudocríticos são parte desse novo termo de alfabetização instrumentalista, cuja ampliação leva à redução do método dialógico de Freire a uma forma de "especialismo". Em outras palavras, tanto a alfabetização instrumentalista para o pobre, na forma de abordagem baseada na capacidade de aprendizagem "bancária", como a mais elevada maneira de alfabetização instrumentalista destinada ao rico, adquirida na universidade como especialização profissional: ambas impedem o desenvolvimento do pensamento crítico que capacita o indivíduo a ler o mundo criticamente e a entender as razões e as ligações que estão por trás dos fatos.

A abordagem instrumentalista da alfabetização, mesmo no mais alto nível do especialismo (incluindo aí o método como uma de suas formas), funciona para domesticar as consciências via desarticulação constante entre o especialismo reducionista e tacanho e a leitura do universo no qual ele se situa. Essa incapacidade de ligar a leitura do mundo com o mundo, se não for combatida, poderá debilitar as já frágeis instituições democráticas e as tão injustas quanto assimétricas relações de poder que caracterizam a natureza hipócrita das democracias contemporâneas. No mais baixo nível da alfabetização instrumentalista, um semialfabetizado lê a palavra, mas está incapacitado de ler o mundo. No mais alto nível da alfabetização instrumental, o semialfabetizado está capacitado para ler o texto de sua especialização, mas ignora todos os outros corpos do saber que constituem o mundo da aprendizagem. Um leitor crítico do mundo, implica, segundo Freire, "uma compreensão dinâmica entre a mínima sensibilidade coerente do mundo e o máximo entendimento coerente do mundo".[68]

Proponho, finalmente, uma pedagogia antimétodo, que recuse os modelos rígidos e os paradigmas metodológicos. A pedagogia antimétodo força-nos a ver o diálogo como uma forma de práxis social que, mediante a troca de experiências, seja informada pela reflexão e ação políticas. O diálogo como práxis social "exige como condição fundamental para a emancipação humana a recuperação da voz do oprimido".[69] A pedagogia antimétodo nos liberta igualmente do já conhecido caminho das certezas e especialismos. Rejeita a mecanização da intelectualidade. Em suma, ela nos leva para as principais ideias de Paulo Freire, que nos conduz para a "estrada da verdade", para a reapropriação da nossa abalada dignidade e reivindicação da nossa humanidade. Ninguém poderia ter argumentado

---

68. P. Freire, D. Macedo, *Literacy:* Reading the Word and the World. South Hadley, Mass.: Bergin & Garvey, 1987, p. 131.

69. S. Aronowitz, Paulo Freire's Radical Democratic Humanism. In: P. McLaren, P. Leonard (ed.), *Paulo Freire:* A Critical Encounter, p. 18.

tão incisivamente quanto o próprio Freire contra a redução do diálogo e o problema que se põe ao mero método:

> o problema que se coloca à educação é revolucionário em termos de futuro. Portanto, é problemático... Portanto, isso corresponde à natureza histórica do homem[da mulher]. Portanto, isso afirma os homens[as mulheres] como seres que se transcendem a eles próprios. Portanto, isso se identifica com o movimento que engaja os homens[as mulheres] como seres conscientes da sua inconclusão — um movimento histórico que tem o seu ponto de partida, a sua essência e o seu objetivo.[70]

A pedagogia antimétodo na perspectiva freireana não apenas adere à visão do futuro revolucionário da educação, como também celebra a eloquência do poema de Antônio Machado: "Caminhante, não há caminho. O caminho faz-se ao caminhar."

---

70. P. Freire, *apud* S. Aronowitz, *op. cit.*, p. 11-2.

17

A atualidade de Freire nos cursos de Pedagogia

Fábio Manzini Camargo

Costumam-se separar de maneira formal e mecânica os conceitos: prática e teoria, saber popular e conhecimento científico, trabalho manual e trabalho intelectual, cultura e natureza, consciência e mundo, leitura da palavra e leitura do mundo. No entanto, segundo a abordagem freireana, eles são indissociáveis. Por exemplo, se considerarmos apenas a relação entre teoria e prática nos daremos conta de que uma implica a outra, em um processo contraditório. Na verdade, elas, em suas relações, se completam e se fazem necessárias mutuamente.

No processo de produzir e adquirir conhecimentos, acontece também uma contradição. Nesse processo, produzimos um distanciamento dos objetos para nos aproximarmos deles, o que implica a percepção desses objetos em suas relações uns com os outros. Esse distanciamento pressupõe a tomada de consciência dos objetos "como uma forma humana de estar sendo diante do mundo".[71]

---

71. P. Freire, *Pedagogia do oprimido*. Rio de Janeiro: Paz e Terra, 1984, p. 49.

Aí está a profunda marca do pensamento freireano: a *conscientização.*

Para Paulo Freire, a *conscientização* é o aprofundamento da tomada de consciência. Não existe conscientização sem a tomada de consciência. Ela não pode acontecer em uma prática em que esteja ausente a seriedade por parte daquele(a) que quer conhecer mais e melhor. Contudo, o fato de conhecer não determina a construção de um conhecimento neutro e indiferenciado. Dessa forma, trabalhar uma postura conscientizadora é desvelar as verdades ocultas pelas ideologias. A conscientização, nesse sentido, é mais do que a tomada de consciência da realidade. Ela significa a rigorosa compreensão da realidade. Por isso mesmo, não é possível conscientizar com a adoção de um modelo de neutralidade, sobretudo com relação aos conteúdos escolares.

Freire cria-aprofunda-retoma uma série de categorias na tentativa de engajar a educação em um processo de conscientização. Dentre vários, desenvolve o conceito de *consciência transitiva crítica,* entendendo-a como a consciência articulada com a práxis, em que são imprescindíveis o diálogo crítico, a fala e a convivência. O diálogo, para ele, é uma relação que envolve amor, humildade, esperança, fé e confiança; a educação, dessa forma, constitui um momento do processo de humanização. A primeira virtude do diálogo consiste no respeito aos educandos, não somente como indivíduos, mas também como expressões de uma prática social. Outras virtudes são escutar e tolerar, a "virtude de conviver com o diferente para poder brigar com o antagônico".[72]

---

72. *Ibidem*, p. 120.

Se realmente a educação é uma certa teoria do conhecimento posta em prática, como afirma Freire, não é possível pensar em educação sem pensar em conhecimento. Conhecimento é diferente de transferência de conhecimento. Dessa maneira, ensinar e aprender fazem parte do mesmo ato de conhecer.

Seguindo esse caminho e tomando como base, por exemplo, o processo de alfabetização, percebemos que ela não pode ser entendida como um momento mecânico em que os educadores iniciam um tipo de treinamento dos educandos. Ao contrário, a alfabetização é "aquisição, produção, reinvenção da linguagem escrita e necessariamente lida e deve constituir-se também como uma introdução ao modo de pensar certo".[73] Dessa maneira, as principais questões da alfabetização — como de toda a cadeia educacional — não são de natureza técnica, mas de natureza política, ideológica e científica, em conjunto com as técnicas.

Freire expressa sempre, além disso, um modo dialético de pensar. Em sua obra, teoria, método e prática formam um todo que constitui uma teoria do conhecimento, no qual o saber tem um papel emancipador.

Na *Pedagogia do oprimido,* esse autor trabalha com as diferenças entre a pedagogia do dominante e a pedagogia do oprimido. A pedagogia burguesa (dominante) representa a pedagogia "bancária", na qual a educação torna-se um ato de depositar e o saber é uma doação dos que se julgam sábios. A educação bancária tem por finalidade manter a divisão entre os oprimidos e opressores. Ela nega a dialogi-

---

73. *Ibidem*, p. 84.

cidade. De outro modo, existe uma dualidade que envolve a consciência do oprimido: de um lado, a hospedagem de valores, ideologia e interesses do opressor e, de outro, o desejo e a necessidade de libertar-se. O oprimido, portanto, é incomodado com uma luta interna que precisa deixar de ser individual para se transformar em coletiva.

Ao criticar a educação bancária, Freire apresenta uma teoria dialógica e um método de problematização que devem ser recriados de modo que a educação libertadora se ajuste às condições de cada localidade. Os conceitos de concepção bancária e de concepção problematizadora representam, para Freire, duas posições antagônicas do processo educacional.

Oposta à educação bancária, a educação problematizadora funda-se na relação dialógico-dialética entre educador e educando, em que ambos aprendem juntos. O diálogo é uma exigência existencial, que possibilita a comunicação e permite ultrapassar o imediatamente vivido. Para exercitar o diálogo, o educador não pode se colocar na posição daquele que pretende ser o detentor do saber. Isto lhe permite reconhecer que todos têm um determinado acúmulo de experiências de vida e por isso todos são, indistintamente, portadores de um tipo de saber. Dessa maneira, o diálogo não é apenas um método, mas uma estratégia para respeitar o saber do aluno: os alunos, quando chegam à escola, também têm o que dizer e não apenas o que escutar.

Para dar sentido a esse movimento, tanto na *Pedagogia do oprimido* como em todas as suas obras, Freire mostra a crença em que a educação pode resgatar a condição humana, atuando contra os efeitos da opressão e contribuindo para o que ele considera uma vocação ontológica do ser: a humanização. Humanização, diálogo e conscientização são caminhos para superar a dominação e a opressão entre os seres humanos.

A pedagogia de Freire revela a ideia do *aprender fazendo*, do trabalho cooperativo, da relação entre teoria e prática, do método de iniciar o trabalho educativo pela fala (linguagem) dos alunos. Por uma ótica libertadora, a educação deve ligar-se à mudança estrutural da sociedade opressiva, embora ela não alcance esse objetivo de modo imediato e, muito menos, sozinha.

Esse rápido passeio pelo pensamento freireano procura ser fonte inspiradora para uma contribuição ao debate sobre a formação do profissional em educação no curso de Pedagogia, no momento em que se discute com mais intensidade desde a entrada em vigor da Lei de Diretrizes e Bases (LDB), o lugar e o papel desse curso no cenário educacional brasileiro.

O compromisso com as necessidades populares, técnicas e científicas da população brasileira revela que é preciso se avançar com a finalidade de superar as barreiras técnicas e quantitativas da educação. Ao mesmo tempo, tem-se igual necessidade da formação de profissionais comprometidos com a conscientização, com a humanização e com a emancipação humana, necessidades essas que são bases do pensamento freireano e que deverão nortear o debate sobre o ideário neoliberal que se impregna nefastamente na educação brasileira. Essas situações educacionais trazem viva e atual, no fim do século, a palavra de Freire. Sua mais profunda marca indica que a educação é política e pode confirmar ou contestar o *status quo;* o presente é algo que pode ser mudado; é possível adquirir conhecimento para superar todas as formas de desigualdades sociais impostas pela elite.

Os cursos de Pedagogia merecem e precisam de Freire e de sua conscientização autêntica como compromisso, com transformação real da realidade. A proposta pedagógica freireana mostra a relação entre a cultura da vida cotidiana e a política. Mostra mais: a unidade entre rigor científico, ousadia intelectual e imaginação criadora em uma trilha que pode levar à consciência crítica.

A consciência crítica é um processo permanente e intencional que nasce da práxis (ação com reflexão) e aponta para uma nova práxis. O trabalho de Freire começa e termina com o sujeito. Começa com a alfabetização, que nasce do acúmulo cultural dos oprimidos e determina condições de amadurecimento de novas formas de consciência que permitam levar à ação cultural e à revolução cultural permanente.

Os cursos de Pedagogia não podem prescindir da criação de profissionais que entendam a educação como um projeto político e que, ao mesmo tempo, rompam as múltiplas formas de dominação e ampliem os princípios e práticas da dignidade humana, liberdade e justiça social. Por isso, devem ser profissionais capazes e compromissados com o zeramento das carências educacionais, em especial daquelas que afastam o homem de sua história, de sua identidade, de sua cidadania. Ensinar não se resume ao simples ato de estar em uma sala de aula. É mais amplo. Ensinar significa, no pensamento freireano, estar *com* o mundo.

18

Paulo Freire, ética e teologia da libertação

Frei Carlos Josaphat, OP

A trajetória, a mensagem e a obra de Paulo Freire emergem qual processo criador, que se destaca por um ritmo homogêneo e constante de inovação e progresso harmonioso. Essa sua energia transformadora se enraíza em um certo tipo de intuição ligada à experiência e se desdobra na continuidade de fases que se interpenetram e crescem em uma conexão cada vez mais profunda. Semelhante caminhada educacional, pedagógica, filosófica, desafia qualquer tentativa de análise que viesse segmentá-la ou mesmo compartimentá-la de maneira rigorosa.

Para indicar um marco nesse processo que assim nos escapa em suas origens e suas etapas, propomos o ano de advento e expectativa que foi o de 1963. Em toda a força de seus 42 anos, Paulo Freire se afirma e começa a ser reconhecido como o educador e o filósofo da educação. A experiência de alfabetização de adultos em Angicos, RN, resplandece então como a gênese de uma criação que não cessará de produzir o novo, evoluindo e integrando contribuições e sugestões vindas de toda parte. É aquele estilo de "evolução criativa", com que H. Bergson caracteriza as profundezas das atividades da vida e do espírito. Destaca-se, mais e mais, o aspecto dialético, a capacidade de responder aos desafios, às promessas, mas também às resistências, à oposição e à inércia dos sistemas dominantes no mundo e na América Latina.

De início, o que chama a atenção do grande público é a possibilidade oferecida pelo "método Paulo Freire" de alfabetizar um adulto — em Angicos, tratava-se de trabalhadores rurais — em 45 dias. Isso se passava no último eito do governo de João Goulart. Para muitos, era uma promessa ou ameaça política, capaz de revirar os rumos das próximas eleições, que aliás não aconteceram. Fique aí essa simples alusão às interpretações miúdas e tendenciosas, marcadas pelas ideologias dominantes e pela mentalidade acomodada ao sucesso pontual e imediato.

Vivi com Paulo Freire os sonhos de 1963, interrompidos para nós pelo golpe de 1º de abril de 1964. Dou um certo relevo a essa espécie de alvorada de esperanças. É o necessário contexto histórico para introduzir um testemunho e um esboço de análise sobre o encontro fecundo, embora, até hoje, pouco valorizado, de Paulo Freire com a ética e a teologia da libertação.

No entanto, desde os começos, o mestre pernambucano punha em prática um autêntico trabalho de educação, fazendo da conscientização a alma da alfabetização. Em suas atividades pioneiras no Colégio Oswaldo Cruz e no SESI, em Recife, nos anos 1950, já despontava o filósofo da libertação que a teologia andava procurando. Seu empenho era fazer que o aluno e a aluna despertassem como homem/mulher, como cidadãos, como sujeitos responsáveis pelo seu próprio destino, pela história de seu país e, afinal de contas, pelo mundo.

Ao passar do ensino institucional à inovação que será a alfabetização valorizadora do adulto, relega os manuais, inventa o recurso às palavras geradoras, colhidas do próprio meio em que o aluno estava envolvido. É isso que mais tarde se chamará "método", mas que foi e será sempre um procedimento global, um projeto de humanização abrangendo a inteligência, a liberdade, a atividade, sem deixar, no entanto, de ativar e valorizar a corporeidade e o imaginário.

Esse saber humano, que parte do ser humano para realizar plenamente as virtualidades do ser humano, não se ensina, não se aprende, mas se desperta pelo contato de quem já está acordado com quem não mais aceita ficar aí dormindo ou vegetando de cócoras, do jeito do Jeca de Monteiro Lobato.

Primeiro encontro com Paulo Freire nos anos 1960

Encontrei-me com Paulo Freire em meados de 1963. Foi um encontro carregado de simbolismo muito denso, destinado a crescer com o passar e os embates do tempo, que nos distanciava da pátria e uns dos outros. Aquele abraço concretizava e traduzia, no entanto, a realidade da convergência de nossos caminhos, de nossos projetos e, mais ainda, dos nossos sonhos. Paulo apostava tudo na educação. E suscitava entusiasmo e levantava generosos batalhões de jovens aprendizes e agentes da educação renovadora. Eu jogava tudo na comunicação. Com uma rede de líderes, de movimentos, de grupos, que seria difícil delimitar e descrever hoje, embarcávamos na aventura de uma ação cultural, social e política que hasteava a bandeira das "reformas de base".

A primeira das exigências para passar da pura utopia para a viabilidade de qualquer organização ou atividade efetivas era despertar e mobilizar a opinião pública. Foi dessa intuição, tão simples quanto irrealizável, que surgiu o *Brasil Urgente,* um semanário, não apenas de opinião, mas de luta aberta. Toda a primeira página do número 1 (datado de 17 de março de 1963) era inteiramente ocupada pelo título provocante (porque terrivelmente verdadeiro) "Remédios matam o Brasil". Apontava para o escândalo, sempre e cada vez mais persistente, aliás, que vem a ser a dolorosa exploração do povo pela indústria e pelo comércio dos produtos farmacêuticos, das atividades e profissões da saúde em nosso país.

Simplificando ao máximo, digamos que, ao nos abraçarmos pessoalmente, Paulo e eu tínhamos a sensação de que lutávamos pela mesma causa perdida, mas da qual dependia a salvação do Brasil e do mundo: a educação-comunicação, como cérebro da civilização moderna.

É de todo coração que evoco o episódio, que hoje pode ter o valor de uma parábola. Lá estávamos em Brasília, na Granja do Torto, umas duas dezenas de pessoas, convocadas pelo ministro da Educação de Jango Goulart, Paulo de Tarso, esse espírito tão lúcido, tão generoso no dom total de si à coisa pública, tão acima da mediocridade reinante que procurou neutralizá-lo. O ministro reunira esse punhado de líderes em torno de uma mesa, aliás, inteiramente vazia, para lançar um movimento nacional de educação popular. A palavra estava com Paulo Freire, que deveria ser a alma e o protagonista de tudo, a começar pela experiência de alfabetização de adultos em Brasília.

Víamos Brasília surgir no planalto, no coração do Brasil, como um milagre ou uma loucura da capacidade criadora de nosso urbanismo e de nossa arquitetura. E a gente se esbaldava cantando o verdadeiro herói anônimo de tudo isso:

> "Você conhece o pedreiro Valdemar?
> Faz tanta casa e não tem casa pra morar."

Em um singelo palacete, lá estávamos com Paulo Freire, para nos preocuparmos com o pedreiro Valdemar. A população que veio para construir a deslumbrante capital ia sendo gentilmente relegada a morar no que se denominava (ironicamente?) a cidade livre. No que tinha de belo e de medonhamente errado e injusto, Brasília era e é o cartão-postal do Brasil. O que sobrava para a gente trabalhadora era a periferia improvisada, sem infraestrutura, sem conforto, sem educação. Para a intelectualidade balofa e sem alma, tudo é simples. O que não tem remédio, remediado está. Esses trabalhadores nasceram e cresceram entre ignorantes e analfabetos, vão se virando sem saber ler nem escrever. Que assim vegetem e morram, servindo e enriquecendo tranquilamente esse empedernido sistema de exclusão!

Lá estávamos com Paulo Freire para dizer não a esse imperativo da fatalidade escravizadora. Íamos aprender a acolher o pedreiro Valdemar e todos os seus ajudantes. Ele vai tomar consciência de que é o verdadeiro cidadão de Brasília e do Brasil. E, então, o tijolo do Valdemar inundou a capital. Aconteceu mesmo. Brasília amanheceu inundada de tijolo. Tudo por obra e graça de Paulo Freire e dos pedreiros Valdemar. O grande educador, com sua equipe, tirou a limpo que a palavra mágica, a palavra mais usada pelos construtores de Brasília, era mesmo tijolo. Todo mundo de giz na mão tinha que soletrar ti-jo-lo. E ir em frente: ta, te, ti, to, tu... ja, je, ji, jo, ju... E cada qual vai desenhar, bem bonito, o próprio nome, o da mulher, os nomes dos filhos, dos companheiros, partindo do ti-jo-lo, do ci-men-to, do con-cre-to, da te-lha e de mais umas outras palavras-coisa que fazem a vida deles.

Rodando (durante trinta anos) pelo mundo, jamais me esqueci daquele entusiasmo irradiando nos corações e nos rostos desses trabalhadores, pois viam que o futuro estava chegando, e chegando ao alcance de suas mãos. Ninguém mandou, ninguém sugeriu nada. E, no entanto, já na primeira noite em que se encontraram com o profeta do novo Brasil, partiram para encher as calçadas, as fachadas, os muros da jovem Brasília, cobrindo tudo com o "tijolo", rabiscado de tudo o que era jeito e desabrochando em todas as cores.

"Valdemar, você tem é muita cultura!"

Está aí, o pedreiro Valdemar e milhares de outros companheiros dele, com suas mulheres e seus filhos, descobriram o grande tesouro escondido. O recado de Paulo Freire ecoava na voz de uma turma valorosa de jovens líderes, que tinham virado professores. E a cada noite os trabalhadores de Brasília ficavam mais deslumbrados, experimentando a felicidade de saber essas coisas que lhes davam nova vida.

"Vocês não são ignorantes. Vocês têm cultura, pois sabem tomar conta da família de vocês. Executam os trabalhos mais bem-feitos. Sabem construir casas e cidades. Agora, só falta saberem ler e escrever. E, sobretudo, é a hora de entrarem firmes e decididos, como verdadeiros cidadãos ativos. Vão votar. Vão se mobilizar para reclamar e obter os seus direitos. O Brasil precisa demais da contribuição de vocês."

Freire nos revelava o Brasil, nos ensinava a verdade de nosso povo, a verdade do ser humano. Ele jogava esses tições ardentes em cima da gente. Ele era o pensador que fundava e esclarecia nossas intuições generosas, enraizando-as em uma visão antropológica, cultural e política.

Educar pela liberdade e para a liberdade

Naquele momento, Paulo já tinha o essencial dessa filosofia, mas de maneira implícita. Em suas reflexões autobiográficas, que lhe foram arrancadas ulteriormente por amigos e entrevistadores, ele insiste sobre a importância do exílio para levá-lo à "pedagogia do oprimido" e a toda sua visão "política", libertadora da educação. No entanto, no primeiro momento, na vivência inicial do grande processo de sua sabedoria socrática, já se encontram os germes de sua doutrina, que ele irá desdobrando e tecendo ao contato com experiências mais amplas, mais dramáticas, com escritos e pessoas de quem se cercava, que dele se aproximavam e tiravam, talvez, maior proveito.

Para melhor conhecer Paulo Freire e para, por intermédio dele, melhor conhecer o país de seu tempo e o de hoje, parece oportuno analisar a gênese e o desabrochar da experiência vivida e da elaboração conceptual realizada por Paulo Freire, sempre em intercâmbio, em processo de "dialogicidade", como ele gosta de dizer, usando e abusando de termos abstratos para nos introduzir no coração de suas vivências concretas.

Nos seus incansáveis vaivéns do agitado 1963, em meio aos grupos sem conta de alfabetizadores que suscitou, o grande Mestre encontrou, estimulou e esclareceu os mesmos líderes e movimentos que tornaram viável o *Brasil Urgente,* a quem esse jornal queria empurrar e guiar na luta pelas reformas "indispensáveis, inadiáveis, urgentes", para abrir caminhos a uma democratização efetiva e universal de nosso país. Na impossibilidade de citar nomes, lembremos grupos ou tendências, susceptíveis de evocar o quadro e traçar umas tantas balizas desse vasto campo de compromissos leais, entusiastas, senão de verdadeiras lutas, capazes de mexer com as tristes condições que nosso povo enfrentava e enfrenta ainda hoje.

Paulo Freire conhece os chamados cristãos sociais, tais como Emanuel Mounier, ou Padre Lebret. Entra em contato com os movimentos estudantis de renovação cristã, JEC e JUC (donde virão líderes como Frei Betto e Betinho), e com os movimentos de trabalhadores, a JOC, especialmente. Esses movimentos de militantes viam-se tolhidos pelas hesitações da Igreja oficial, sendo notória e constrangedora a estreiteza clerical dos que queriam "evangelizar", sem tocar nos campos "profanos" da política, da economia, da imprensa e da educação ("leiga"!).

Muitos desses militantes cristãos passaram para as fileiras da AP (Ação Popular), de orientação leiga, mais dinâmica, na linha do compromisso social. As Ligas Camponesas, lideradas por Francisco Julião, obedeciam a uma inspiração mais nitidamente marxista e se empenhavam em ações mais decididas no intuito de acelerar a Reforma Agrária. Os comunistas apoiavam as reformas de base, dando preferência em geral a greves, a manifestações de massa, contribuindo, assim, para intimidar certa parte da classe média e para acabar de imunizá-la contra qualquer compromisso com reformas da sociedade.

Pode-se dizer que a educação *pela* e *para* a liberdade, a conscientização que inspirava e animava a alfabetização de adultos, toda a mensagem socializante e personalizante de Paulo Freire e dos seus colaboradores, qualificados e sempre mais numerosos, gozavam da estima geral dos líderes, militantes e movimentos realmente comprometidos com as reformas e as orientações sociais do país.

Pedagogia e teologia da libertação

Bem sabemos que a coragem dos empreendimentos e a firmeza de suas posições doutrinais destacavam o nome de Paulo Freire entre os primeiros brasileiros a serem exilados, após o Golpe. Em 1964, vai primeiro para a Bolívia e, depois, para o Chile, onde colaborou com o governo de Salvador Allende. Aí escreve *Pedagogia do oprimido,* sua obra de base, na qual seu pensamento encontra sua primeira expressão plenamente amadurecida e harmoniosa, qual resultado de sua experiência no ensino institucional e na educação dos adultos, prolongando-se em ampla reflexão, aprofundada no confronto com a problemática nacional e latino-americana.

Um duplo sincronismo pode ser esclarecedor. O primeiro é um momento de desabrochamento. Em 1968, celebra-se a famosa II Conferência do Episcopado latino-americano, em Medellín. O Vaticano II — o "Novo Pentecostes", o *aggiornamento* prenunciado por João XXIII — começa a tomar corpo concretamente, enfrentando com realismo os problemas dos povos em desenvolvimento e sob dominação.

Nesse mesmo explosivo 1968, Gustavo Gutierrez procura encaminhar o pensamento cristão "rumo a uma teologia da libertação". Ele é solicitado a abordar esse tema em vários encontros na América Latina e na Europa. A mensagem, acolhida com interesse e até mesmo com entusiasmo, vai se enriquecendo e encorpando. Para a ala renovadora da Igreja, emerge e se elabora um novo paradigma de ação e de compreensão: a "ética" e a "teologia da libertação".

De maneira inteiramente independente, mas significativamente simultânea, no exílio, do outro lado dos Andes, Paulo Freire escreve a *Pedagogia do oprimido* (o manuscrito em português é de 1968), obra de base em que nos dá o paradigma aprimorado da filosofia, da ética, da antropologia, da história e da educação libertadora, quer dizer, pela liberdade e para a liberdade.

Um outro sincronismo, mais extenso, se prende ao primeiro. É o longo processo de gestação da filosofia teórica e prática de Paulo Freire, cuja forma embrionária é *Educação e atualidade brasileira* (tese de concurso público para a cadeira de História e Filosofia da Educação), publicada em Recife, em 1959. O desenvolvimento desse projeto de vida, de reflexão e ação se concretiza em várias publicações menores, salientando-se *Alfabetização e conscientização*, em 1963.[74]

O ponto de chegada de tão rico processo de ampliação e aprofundamento de perspectivas será a síntese, já bem elaborada: *Educação como prática da liberdade*, publicada em 1967,[75] logo traduzida em várias línguas. A "prática da liberdade" que está na gênese e constitui a energia, a lei imanente da educação no paradigma criativo de Paulo Freire, vai ao encontro do "oprimido", do ser humano e da sociedade latino-americana, submetida à dominação, à alienação, à marginalização. Surge então a educação libertadora, esclarecida e impulsionada por uma filosofia e uma ética, pessoal e social, da libertação.

Desde suas primeiras labutas de jovem pernambucano, Paulo Freire trabalhou sempre fazendo da educação um espaço de liberdade a assumir, senão, a criar inteiramente. Pode-se dizer que vai da liberdade à libertação, pois no princípio seu processo se insere no sistema dominante,

74. P. Freire, *Alfabetização e conscientização*. Porto Alegre: Emma, 1963.
75. P. Freire, *Educação como prática da liberdade*. Rio de janeiro: Paz e Terra, 1967.

utiliza e amplia os espaços de liberdade que encontra. Mas, cada vez mais, o sistema é visto e denunciado como dominador. O sujeito da educação é o "oprimido", e ele há de ter uma educação libertadora.

Assim, de maneira inteiramente independente e plenamente racional, ele nos dá uma filosofia da libertação no momento em que o pensamento cristão tem necessidade dessa filosofia, pois buscava penosamente uma "teologia da libertação".

Para acentuar ainda uma vez o sincronismo, acrescento com simplicidade que, ao encontrar Paulo Freire nos anos 1960, eu mesmo estava envolvido nessa aventura. Em contato com a nossa realidade pré-revolucionária e pressionado por grupos e líderes que buscavam os caminhos do socialismo democrático, escrevi, em 1962, *Evangelho e revolução social.*[76] Abordo muitos dos grandes temas que serão ampla e profundamente desenvolvidos por Paulo Freire, em conexão com a prática da educação e a reflexão pedagógica. É verdade que essa obra encarava os problemas e situações na perspectiva aberta de uma ética social, política, econômica, mas sobretudo apelando para fontes, motivações e exigências confessadamente cristãs. Visava comprometer os cristãos com os problemas humanos e levá-los (em nome do Evangelho!) a fraternizar com todos os homens e mulheres que aspiram e lutam por uma sociedade e um mundo verdadeiramente dignos da humanidade.

Uma profunda inspiração profética está presente e ativa na prática, na reflexão e na elaboração de Paulo Freire.

76. C. Josaphat, *Evangelho e revolução social*. São Paulo: Duas Cidades, 1962.

Mas, à semelhança de um Emanuel Levinas, esse sopro profético leva a um paradigma puramente filosófico. Se nós, teólogos, nos aproximamos e tanto necessitamos de Freire, é precisamente pela qualidade pura e plenamente humana de seu pensamento, de sua vida e de sua mensagem. A teologia latino-americana o acolhe como mestre, porque sua práxis e sua reflexão pioneiras o destacam entre os protagonistas e abridores de caminho para as ciências humanas, para a filosofia teórica e prática e para a luta pela justiça e pela paz, em busca de uma nova era do Espírito. Aliás, ele partiu deixando-nos a *Pedagogia da autonomia*, após, a *Pedagogia da esperança*, acenando-nos com a promessa de uma "Pedagogia do amor".

19

Educação libertadora e globalização

Heinz-Peter Gerhardt

Conceitos

O termo educação libertadora é aqui usado em referência à história e aos métodos de trabalho da educação popular na América Latina, desde a década de 1960, e à introdução dessa teoria e prática educacional no mundo inteiro. O seu mais importante defensor é o brasileiro Paulo Freire (1921-1997). Na Alemanha, os conceitos básicos e a metodologia da educação libertadora — tais como universo temático, palavras geradoras, codificação-descodificação, diálogo, a dicotomia opressor(a)-oprimido(a), humanização, humildade, amor, esperança, autonomia e cultura do silêncio — têm sido adotados, discutidos e aplicados desde o início dos anos 1970. (A *Pedagogia* do *oprimido,* principal trabalho de Paulo Freire, foi publicada em 1970.)[77]

---

77. Cf. o ambicioso esforço de T. Knauth; J. Schroeder, *Über Befreiung*, em descrever a formação de paradigmas libertários em dois contextos socioculturais (América Latina e Europa), em três disciplinas acadêmicas (Pedagogia, Teologia e Filosofia), no decorrer de um penado de cinco séculos. Eles sumarizam a sua necessariamente provisória conclusão em

Abordagens baseadas na educação libertadora estão também incluídas ou discutidas sob o título "educação dialógica",[78] "pedagogia construtivista",[79] a "nova sociologia da educação"[80], "novas perspectivas na sociologia da educação"[81] e a abordagem "situacional".[82]

---

quatro pontos (p. 78-9): 1 "Portanto, a teologia, a pedagogia e a filosofia libertadoras devem contar com modelos para reconstruir a base desta experiência (= o anúncio de Deus no outro, H. P. G.). Esses modelos podem funcionar como mediadores entre a autonomia teonômica e o pensamento da autonomia moral da estrutura da razão prática..."; 2 "Com a expansão e diferenciação do conceito de opressão, para incluir formas de discriminação étnica, sexual e racial, a questão da hermenêutica intercultural, refletida na base de teorias da diferença, tornou-se mais premente. A questão comum às três disciplinas tem sido, desde o início, uma crítica a um modo de pensar eurocêntrico, o qual é confundido com uma perspectiva universalista..."; 3 "Até o momento, a discussão tornou claro que a preocupação geral com a libertação tem sido incorporada em vários contextos e línguas, devendo produzir uma grande variedade de teologias, abordagens pedagógicas e filosofias de libertação..."; 4 "Todas as três disciplinas são esforços acadêmicos a serem aplicados praticamente em uma base teoricamente assentada dentro de um círculo dialético entre teoria e prática...".

78. Veja a discussão no periódico com o mesmo nome, o qual tem sido publicado há dois anos pela "Paulo Freire Koordination", em Oldenburg (www.freire.de).

79. R. Arnold; H. Siebert, *Konstruktivistische Erwachsenenbildung*. H. Siebert, *Paulo Freire als Konstruktivist*.

80. H. Sünker *et. al.* (ed.), *Bildung, Gesellschaft, soziale Ungleichheit*. M. Castells *et. al.*, *Critical Perspectives in the New Information Age*.

81. C.A. Torres; T.R. Mitchell, *Sociology of Education Emerging Perspectives*. R. Arnove; C.A. Torres, *Comparative Education:* The Dialectic of the Global and the Local.

82. J. Zimmer, *Der Situationsansatz — Vergangenheit und Zukunft. Idem, Das Kleine Handbuch Zum Situationsansatz. Idem, et. al., Entrepreneurship.* Wie aus Ideen Unternehmen Werden. *Idem, Praxisreihe Situationsansatz.* S. Stoll, *Der Situationsansatz im Kindergarten.* G. Iben, *Zeitschrift für befreiende Pädagogik.*

A metáfora da libertação nessa abordagem educacional é muito mais comum e menos controvertida na América Latina ("educação libertadora", em português,[83] e "educação para a liberação ou libertária", nos países de língua inglesa)[84] do que nos círculos educacionais da Alemanha.[85]

---

83. Cf., por exemplo, J. J. Mosca; L. P. Aguirre, *Direitos humanos*, que escreveram um manual propondo a melhoria dos direitos humanos na América Latina, na perspectiva da teologia e educação libertadoras. Para esses autores, a segunda é a aplicação prática da primeira. Ver também Gandin, *A pátria do planejamento participativo* que faz, com base em seus estudos empíricos de duas escolas secundárias católicas, uma ligação entre a educação libertadora, como opção pedagógica dessas escolas, e as resoluções da Conferência dos Bispos da América Latina, *Conclusões de Medellin* 1968.

84. Cf. Aronowitz, como citado por Freire & Macedo, *The Paulo Freire Reader*, p. 5): "De fato, ecoando muitos educadores(as) liberais e radicais, alguns professores(as) têm interpretado a educação libertadora como um meio de instilar valores humanitários de uma forma não repressiva. A escola parece ser um exercício maciço de clarificação de valores... Muitos(as) interpretam a pedagogia dialógica de Freire como um instrumento para motivar os(as) estudantes, não reconhecendo que para ele o diálogo é um conteúdo cuja finalidade é tanto a mudança social quanto a individual. O primeiro princípio da filosofia educacional de Freire é o seu questionamento da distinção convencional entre o educador(a), como um perito, e o educando(a), como uma concha biofísica vazia. A educação ocorre quando existem dois aprendizes ocupando espaços ligeiramente diferentes em um contínuo diálogo. Os dois participantes contribuem com o seu saber para essa relação, sendo um dos objetivos do processo pedagógico explorar aquilo que cada um(a) sabe e o que podem ensinar um ao outro(a). O segundo objetivo é encorajar a reflexão sobre si mesmo(a) como sujeito no mundo, em consequência do seu saber."

85. E. Meueler, *Selbstbestimmt lernen*, p. 91: "O termo 'educação libertadora' claramente indica que os seus proponentes superestimam suas próprias habilidades. O conceito em si mesmo possui um enorme efeito desagregador. Apenas aqueles que falam e atuam em seu nome lutam pelo reino da liberdade, sabem onde encontrá-lo e lideram o caminho até ele. Em contrapartida, a palavra pedagogia despida do nobre modificador 'libertador' é suspeita de escravizar e subjugar aqueles que a praticam."

História

Os educadores(as) proponentes da pedagogia da libertação possuem suas raízes intelectuais na tradição da luta anticolonial e anti-hegemônica (centro-periferia) do período posterior à Segunda Guerra Mundial. Opõem-se, desde o princípio desse período, aos representantes autoritários e, mais tarde, aos liberais e neoliberais do colonialismo e neocolonialismo, o qual, segundo seus pontos de vista, é representado pelos princípios básicos da ideologia do mercado livre, em outras palavras, da globalização.[86]

Inicialmente, as lutas de libertação visavam fortalecer os poderes nacionais. Nessa medida, a enfática e indistinta perspectiva nacionalista é compreensível: todos os brasileiros(as), todos os algerianos(as), todos os habitantes da Guiné-Bissau deveriam lutar contra a ameaça dos poderes hegemônicos estrangeiros. No entanto, essa luta rapidamente adquiriu uma maior diferenciação, isto é, levou a alianças com os inimigos dos vários opressores ou poderes hegemônicos, tanto dentro quanto fora dos países da periferia.

A versão brasileira dessa luta foi uma interpretação cristã radical dos eventos que percebia os habitantes do país como desumanizados, roubados em seus direitos como pessoas e em seus direitos humanos. Em cada país, essa despersonalização e desumanização é apli-

---

86. Para mais informações sobre este termo, consulte H. Bühler & A. Datta, Global — total — fatal, *ZEP*, p. 3.

cada sobretudo àquelas pessoas que, "como animais," têm sido privadas do seu direito humano à cultura: camponeses(as), favelados(as), analfabetos(as). O restabelecimento desse direito — que começa com o direito da pessoa "dizer a sua palavra" e, em seguida, com a alfabetização, a educação básica e a participação política, mas, antes disso, com o reconhecimento de que todo ser humano é um "criador de cultura" — está a serviço da conscientização, ativando um enorme potencial para o aprendizado e a ação.[87]

Depois de forçosamente exilados da América Latina, muitos educadores(as) libertários descobriram o terceiro-mundismo do Primeiro Mundo: os(as) trabalhadores migrantes, os desempregados, os "sem-teto", as crianças de rua e aqueles política e economicamente analfabetos.[88] Uma rede de práticas locais, teoria e elementos metodoló-

87. H.P. Gerhardt, *Zur Theorie und Praxis Paulo Freire in Brasilien.*

88. Paulo Freire, como citado em A. M. A. Freire; D. Macedo, *The Paulo Freire Reader*, p. 240: "Os quilombos constituíram um momento exemplar no aprendizado da rebelião, uma reinvenção da vida por parte dos escravos que se apossaram da sua existência e da sua história e que, começando com a necessária 'obediência', lançaram-se em busca da invenção da liberdade... Referindo-se ao nosso passado escravocrata, em discussão pública recente, Otávio Ianni comentou que, embora esse passado tenha deixado marcas em nossa sociedade, ele também deixou sinais positivos — a resistência dos escravos, a sua rebelião. Ele referiu-se também a problemas de nossos dias — os sem-terra, sem-teto, sem-escola, sem-alimento, sem-emprego — como formas correntes de quilombos ou as 'estradas de ferro subterrâneas' do período da escravidão nos Estados Unidos. É nossa tarefa, como educadores(as) progressistas, tomar partido dessa tradição de luta e resistência e trabalhá-la. Trata-se, em verdade, de uma tarefa que visa distorcer a visão puramente idealista e a visão mecanicista, dogmática, autoritária, que convertem a educação em 'comunicados' e em transmissão de conteúdos neutros."

gicos globalmente aplicáveis, organizações e movimentos foram surgindo e sendo consolidados entre o Sul e o Norte e, após a queda do muro de Berlim, entre o Sul e o Leste. Pode-se mesmo dizer que a educação libertadora é um dos poucos conceitos educacionais do Hemisfério Sul adotado por educadores(as) do Norte.

Aprendizado global

Em relação à educação libertadora, o aprendizado global refere-se ao uso da ação e reflexão para acabar com a desumanização do mundo como um todo, tendo sido esta a prática pedagógica dos(as) proponentes da libertação no campo da pedagogia, desde o início dos anos 1970. Educadores(as) libertários procuram resistir à tensão entre o conhecimento e a ação de grupos específicos que, junto com eles(as), partem em busca tanto de conhecimento e habilidades adicionais quanto de conhecimento universal, produtos, costumes e moralidade. O universal não é considerado superior ao local, ao contrário, o primeiro surge das diversas práticas locais e do seu processamento, ou seja, o local é redescoberto, modificado, enriquecido e adaptado em cada ato de recriação do conhecimento.

Essas descobertas e redescobertas do velho e do novo, do local e do global, do particular e do geral são possíveis — na base de padrões específicos — por meio de abordagens educacionais libertadoras, três das quais são aqui brevemente mencionadas: o respeito pelo outro(a), o amor e a esperança.

Em relação ao primeiro, somente se eu me lembrar, no que se refere aos processos políticos e pedagógicos, que o "outro(a)" com quem eu me relaciono deseja procurar um caminho junto comigo, estarei possibilitando seu sucesso. Devo respeitar a alteridade do "outro(a)" (sujeitos e objetos), reconhecendo-o(a) como um ser distinto que possui outra identidade ou materialidade, para que possa dar um passo, junto com ele(a), em direção ao reconhecimento e à ação.

Os educadores(as) libertários(as) precisam amar o amor, aos outros(as) e o caminho que buscarão junto. Sem esta paixão pelo amor, a qual envolve o risco de ferir e ser ferido, a pedagogia não é nada mais que a transferência mecânica do conhecimento, uma tecnologia social. Não foram todos(as) os(as) grandes pedagogos(as) apaixonados(as) pelas coisas e pessoas com as quais trabalhavam?

A esperança em relação à possibilidade da mudança é o pré-requisito indispensável para o sucesso da educação libertadora, para a mudança das estruturas, das outras pessoas e de nós mesmos(as).[89]

No trecho a seguir, dois diagramas serão utilizados com a finalidade de clarificar a posição da educação libertadora em relação ao aprendizado global.

A importância do nível micro

O aprendizado que se concentra em certos temas de projetos e movimentos, sempre que possível "extramuros", é uma característica importante da educação libertadora.

---

89. P. Freire, *Pedagogy of freedom*, p. 69.

Em anos recentes, esse tipo de aprendizado tem sido promovido e praticado de modo crescente na pré-escola e na instrução escolar.[90] Um novo tipo de escola está sendo introduzido.

Educadores(as) libertários(as) são revolucionários(as) no sentido mais verdadeiro da palavra. Eles(as) acreditam ter encontrado as raízes dos problemas existentes no sistema educacional contemporâneo na maneira pela qual o mercado tornou-se o fator decisivo nas questões educacionais e sociais, dentro da estrutura do capitalismo neoliberal, a qual carece fundamentalmente de solidariedade e consideração pelas questões éticas.

Assim, educadores(as) libertários(as) trabalham na educação de sujeitos potencialmente autônomos e capazes de praticar a solidariedade, instruindo-os de forma a promover a autorreflexão e o autocontrole. Eles(as) concentram seus esforços em questões éticas, considerando-se que tomam uma decisão consciente em promover a humanização e se esforçam conjuntamente para mudar os sistemas escolar, social e político.

Educadores(as) libertários(as) focalizam o seu trabalho no nível micro (ver Figura 1). Refletindo sobre a maneira

---

90. Cf. o relatório publicado por quinze educadores(as) sobre seus trabalhos em escolas primárias de São Paulo, no período em que Paulo Freire foi Secretário Municipal da Educação (1989-1991) (N. N. Pontuschka, *et al.*, *Ousadia no diálogo*). As experiências e práticas descritas nessa antologia ecoam, de muitas formas, as demandas formuladas por von Hentig (*Die Schule neu denken*) e Negt (*Kindheit und Schule*) com relação às reformas necessárias nas escolas e ao sistema educacional da Alemanha. Ao contrário das municipalidades e estados federais alemães, o governo da cidade de São Paulo possuía, naquela ocasião, força e vontade políticas para executá-las.

como eles próprios e os seus clientes abordam os problemas, tentam, como educadores(as)-educandos(as) e educandos(as)-educadores(as), encontrar soluções específicas para esses problemas. Repetidamente, confrontam-se com "situações-limite" relacionadas a si próprios, ao grupo com o qual trabalham ou a ambos. Revelando os limites cognitivos, emocionais e comportamentais do indivíduo ou grupo, a superação dessas situações temporais e espaciais requer toda sua atenção. É além desse ponto que os sujeitos da instrução aprendem o novo e desaprendem, repensam o velho, substituindo-o por uma nova maneira de pensar e atuar.

É nessas situações que se verifica a introdução dos chamados "temas-dobradiça", isto é, aqueles que se ligam ao tema corrente, no mesmo ou em outro patamar. As mudanças entre os níveis ocorrem de acordo com os problemas e interesses, ou seja, conforme a lógica da questão que está sendo tratada e os interesses do grupo. Esse estreitamento do campo de visão é necessário para que o grupo se mantenha motivado em relação ao problema em pauta e para que não perca de vista o seu objetivo, seja a transformação individual e coletiva, seja a transformação do objeto de seu interesse.

A diferenciação entre os níveis *micro, meso* e *macro,* ilustrada na Figura 1, tem, portanto, pouca relação com uma estrutura hierárquica. O importante é a identificação dos problemas que se verificam nos processos educacionais, os quais podem ser encontrados nos vários níveis, mas não podem ser resolvidos somente no primeiro patamar em que aparecem. Em muitos casos, os problemas relacionados aos processos educacionais ocorrem ou são iniciados concomitantemente aos processos de aprendizado, às mudanças comportamentais e ações realizadas em outros níveis. É só então que as pessoas e as estruturas principiam a mudança. Exemplos como a abolição gradual da energia nuclear, dos problemas ambientais e mesmo de tópicos como a modernização da administração pública, mediante a sua substituição por governos nacionais, internacionais e instituições mais poderosas, podem ser utilizados para ilustrar esse processo.[91]

O local e o global

A Figura 2 consiste em uma forma mais densa de abordagem dos temas da educação libertária e da globalização. A corrente, talvez excessivamente simbólica para essa finalidade, une os indivíduos e os grupos da Figura 1[92] aos três tipos de problemas já mencionados — demonstrando o tipo de educação característica da abordagem libertária, como a investigação temática, os temas geradores e a "dobradiça".[93]

---

91. H. P. Gerhardt & H. P. Schwöbel, *Verwaltungsreform: Stichworfe, Einwürfe, Argument*; H. P. Gerhardt, *Zur sozialen Kompetenz bei Bundesbeamten*.

92. Esses indivíduos e grupos estão agora categorizados de acordo com sua origem profissional e de classe. Na terminologia dos educadores(as) libertários, eles(as) podem ser leigos, traidores de classe, intelectuais orgânicos e profissionais. Para mais informações, ver H. P. Gerhardt, *Brazil's Popular Education in the Eighties*.

93. P. Freire, *Pedagogy of the oppressed*, p. 78ss.

Em nível *micro,* os grupos examinam o conhecimento localmente produzido, criando relações, redes de trabalho e, talvez, instituições. Operam também nos níveis *meso* (nacional) e *macro* (internacional), como, por exemplo, a Greenpeace, a Anistia Internacional e a Sentinela Internacional. A reverência, a priorização, a análise crítica e o diálogo constituem algumas das formas características pelas quais os grupos e facções da educação libertadora respondem ao conhecimento produzido local e internacionalmente. Em uma análise da situação do movimento de educação popular no Brasil até 1990,[94] utilizei termos da fraseologia política alemã para designá-los: *Basisdemokraten,* ou democratas populares, e *Realpolitiker,* ou políticos pragmáticos.[95]

Os grupos que incluem desde democratas populares até fundamentalistas demonstram, precisamente, uma preferência geral pelos "produtos" locais. Polemicamente, reverenciam o saber local, priorizando o seu uso no que se refere aos objetivos educacionais e políticos. Por seu lado, os políticos pragmáticos tendem a salientar o nível internacional ou, pelo menos, nacional e a não levar em consideração aquilo que é produzido localmente. Os dois lados se empenham em análises críticas, primeiramente do outro grupo, mas, às vezes, até mesmo em relação à sua própria abordagem.

---

94. Com a difusão da educação popular, essas tendências podem ser encontradas entre educadores(as) libertários de qualquer lugar do mundo.
95. H. P. Gerhardt, *Brazil's Popular Education in the Eighties.*

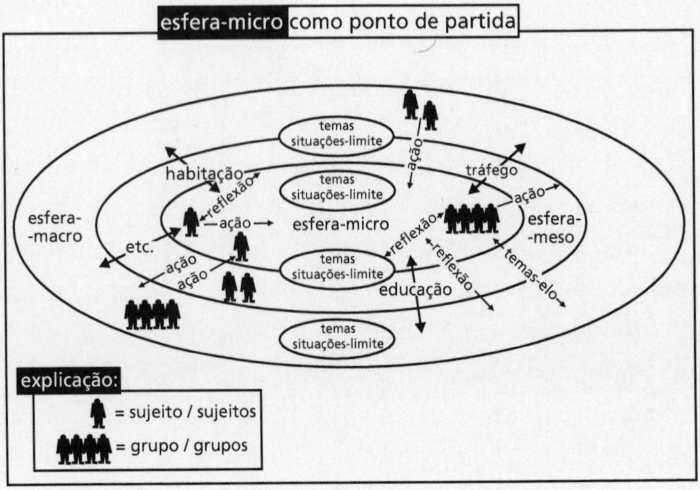

Figura 1

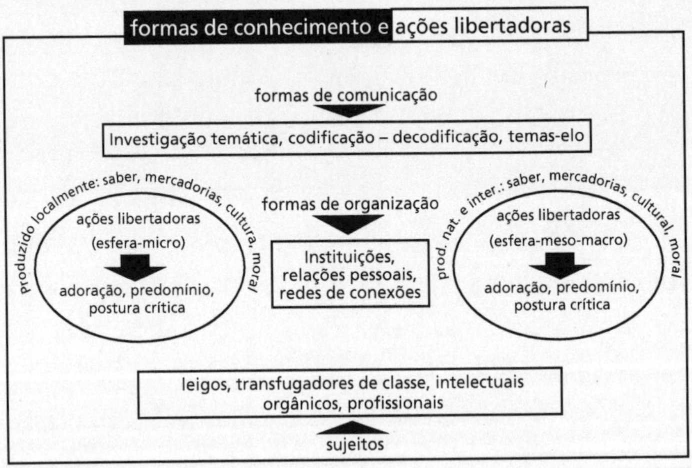

Figura 2

Figura 3

Como comentado anteriormente, esses processos se realizam em todos e entre os níveis, mediante certas formas organizacionais como relações informais, redes de comunicação e novas ou transformadas instituições. Espera-se que as duas facções sejam ainda capazes de se unir em "ações culturais",[96] a fim de superar as estruturas sociais opressivas.

Conclusão

Espero ter deixado claro que a globalização dos problemas no campo da política e da prática educacional, assim como as tentativas em resolvê-los, tem caracterizado a aborda-

96. P. Freire, *Pedagogy of the Oppressed*, p. 156.

gem pedagógica libertadora desde as suas origens. Aqueles que tentam confinar a efetividade da teoria e prática da educação libertadora à América Latina têm falhado em considerar tudo aquilo que tem sido dito, escrito e realizado desde 1970[97] e subestimado a rápida globalização de mecanismos estruturais opressivos no mundo inteiro: crianças de rua, a "sociedade dos dois terços" e novos níveis de pobreza são também palavras-chave desse novo tipo de globalização.[98]

---

97. Ver nota 1 em C. A. Torres; T. R. Mitchell, *Sociology of Education*, p. 3-7, que sumarizam o estado da discussão em três pontos teóricos e metodológicos: 1 "Acrescida a uma noção de ciência mais flexível e mesmo lúdica, eventos empíricos e análises teóricas, as novas perspectivas no campo da sociologia da educação tendem a negligenciar a distinção normativa entre julgamentos de valor e julgamentos empíricos. As novas perspectivas emergentes empregam modelos científicos mais abertos, buscando com menor frequência padrões de regularidade, universalidade e resultados reproduzíveis e mais representativos da dinâmica da transformação de totalidades complexas que não podem ser parceladas em domínios distintos. Por essa razão, apesar de se fiar nos estudos de caso e em metodologias teóricas, as novas perspectivas da sociologia da educação são altamente interdisciplinares e comparativas..."; 2 "O alargamento da noção de objetividade inclui a reconsideração crítica da noção de subjetividade como um lucro e não como uma perda para um projeto de pesquisa. A subjetividade e singularidade do pesquisador não podem ser ignoradas quando se tenta obter uma noção universal claramente estabelecida e processualmente segura da objetividade social, como se a mesma pudesse ser facilmente alcançada pela implementação de regras metodológicas, o texto permanecendo impoluto..."; 3 "Uma asserção central da nova perspectiva na sociologia da educação é a necessidade de pensar a realidade como devir, sempre em processo de mudança, e em várias dimensões de camadas, as quais constituem esferas independentes, mas compartilham uma mesma dinâmica. Daí que a ênfase no saber de classe, raça e gênero, como um conjunto integrado de teorias, esteja não apenas sofrendo o desafio do pós-modernismo, mas também se movendo além da imobilidade política de muitas posições pós-modernas...".

98. A questão do que é novo a respeito da globalização atual é convincentemente discutida por U. Beck, *Politik der Globalisierung*, p. 7-78.

Desde o início de seu trabalho, educadores(as) libertários(as), como Paulo Freire, posicionaram-se claramente no que se refere a qualquer tipo de opressão de um ser humano por outro, fazendo o possível para derrotá-la, tanto por meios educacionais quanto políticos. Educadores(as) libertários(as) construíram uma rede de comunicação global envolvendo escolas, educação de adultos, organizações juvenis, grupos religiosos e partidos políticos, com a finalidade de valorizar os seres humanos em termos individuais e coletivos.[99] É nossa tarefa continuar o seu trabalho.

(KBG)

Referências

ARNOLD, R., SIEBERT, H. *Konstruktivistische Erwachsenenbildung*. Hohengehren, 1997.

ARNOVE, R., TORRES, C. A. *Comparative Education:* The Dialectic of the Global and the Local. Nova York: Rowman and Littlefield, 1999.

BECK, U. (ed.) *Politik der Globalisierung*. Frankfurt am Main: Suhrkamp, 1998.

BUCHHOLZ, C. *et al.* (ed.) "Armut und Ungerechtigkeit im Alltag von Jugendlichen" (including the "Lenten veil" printed on cloth), *Rums, Zeitschrift für Religion und multikulturelle Schule,* 4/98, Hamburg, Padagogisch — Theologisches Institut der Nordelbischen Kirche, 1998.

99. M. Carnoy, "Foreword", p. 18.

BÜHLER, H., DATTA, A. Global — total — fatal. *ZEP*, v. 21, n. 3, p. 2-7, 1993.

CARNOY, M. Foreword. In: FREIRE, P. *Pedagogy of the Heart*. Nova York: Continuum, 1998. p. 7-20.

CASTELLS, M. *et al. Critical Perspectives in the New Information Age*. Nova York: Rowman and Littlefield, 1999.

CONFERÊNCIA Geral do Episcopado Latino-Americano. *Conclusões de Medellin 1968*. 6ª edição. São Paulo: Paulinas, 1987.

FREIRE, A. M. A., MACEDO, D. *The Paulo Freire Reader*. Nova York: Continuum, 1998.

FREIRE, P. *Pedagogy of the oppressed*. Nova York: Continuum, 1970.

______. *Pedagogy of freedom*. Ethics, Democracy and Civic Courage. Nova York: Rowman and Littlefield, 1998.

GANDIN, D. *Prática do planejamento participativo*. Petrópolis: Vozes, 1995.

GERHARDT, H. P. *Zur Theorie und Praxis Paulo Freire in Brasilien*. Frankfurt am Main: IKO, 1997.

______. *Brazil's Popular Education in the Eighties*. Essentials, Fundamentals and Realpolitik. Frankfurt am Main: IKO, 1986.

______. *Zur sozialen Kompetenz bei Bundesbeamten*. Brühl/Rhl.: FHBund, 1998.

GERHARDT, H. P., SCHWÖBEL, H. P. *Verwaltungsreform:* Stichworfe, Einwürfe, Argumente. Brühl/Rhl.: FHBund, 1996.

HENTING, H. von. *Die Schule neu denken*. Munich: Beck, 1993.

IBEN, G. Situatives Lemen als Fortbildungskonzept. *Zeitschrift-für befreiende Pädagogik*, v. 2-3, p. 67-79, 1994 (publicado pela Sociedade Paulo Freire, Munique).

KNAUTH, T., SCHROEDER, *J. Über Befreiung*. Befreiungspadagogik, Befreiungsphilosophie und Befreiungstheologie im Dialog. Münster: Waxmann,1998.

MEUELER, E. Selbstbestimmt lernen. *Zeitschrift für befreiende Pädagogik*, v. 2-3, p. 91-7, 1994 (publicado pela Sociedade Paulo Freire Society, Munique).

MOSCA J. J., AGUIRRE, L. P. *Direitos humanos*. Pautas para uma educação libertadora. Petrópolis: Vozes, 1990.

NEGT, O. *Kindheit und Schule*. Göttingen: Steindl, 1997.

PONTUSCHKA, N. N. *et al*. *Ousadia no diálogo*. São Paulo: Loyola, 1993.

SIEBERT, H. Paulo Freire als Konstruktivist. *ZEP*, v. 1, p. 12-5, 1999.

STOLL, S. *Der Situationsansatz im Kindergarten*. Berlim: FIPP Verlag, 1995.

SÜNKER, H. *et al*. (Ed.) *Bildung, Gesellschaft, soziale Ungleichheit*. Frankfurt am Main: Suhrkamp, 1994.

TORRES, C. A., MITCHELL, T. R. *Sociology of Education*. Emerging Perspectives. Albany: SUNY Press, 1998.

ZIMMER, J. *Der Situationsansatz — Vergangenheit und Zukunft*. Kallmeyer, 1997.

______. *Das kleine Handbuch zum Situationsansatz*. Ravensburg: Ravensburger Buch, 1998.

ZIMMER, J. *et al*., *Entrepreneurship. Wie aus Ideen Unternehmen werden*. Munique: Beck, 1998.

______. *Praxisreihe Situationsansatz*. Ravensburg: Ravensburger Buch, 1998. 12 v.

20

A educação do Núcleo de Educação Popular Paulo Freire — NEP/UEPA: contribuições à formação do educador[100]

Ivanilde Apoluceno de Oliveira

"Não há utopia verdadeira fora da tensão entre a denúncia de um presente tornando-se cada vez mais intolerável e o anúncio de um futuro a ser criado, construído, política, estética e eticamente, por nós, mulheres e homens. A utopia implica essa denúncia e esse anúncio, mas não deixa esgotar-se a tensão entre ambos quando da produção do futuro antes anunciado e agora um novo presente. A nova experiência de sonho se instaura na medida mesma em que a história não se imobiliza, não morre. Pelo contrário, continua."[101]

Paulo Freire

Introdução

Como parte das atividades planejadas pela Cátedra Paulo Freire do Programa de Pós-Graduação em Educação —

---

100. Criado em 2002 e oriundo do Programa de Alfabetização de Adultos: processo social para a libertação — Proalto, implantado em 1995 na Universidade do Estado do Pará.

101. P. Freire, *Pedagogia da Esperança:* um reencontro com a *Pedagogia do oprimido.* 2ª edição. Rio de Janeiro: Paz e Terra, 1993, p. 91-92.

Currículo da PUC-SP,[102] este estudo tem como objetivo refletir sobre a concepção de educação proposta por Freire e verificar a sua influência em práticas educativas em instituições de ensino, inclusive as formadoras de educadores.

Por meio do relato das atividades do Núcleo de Educação Popular Paulo Freire da Universidade do Estado do Pará, procuro identificar os pressupostos educacionais de Paulo Freire e sua contribuição para a formação do educador.

Trata-se de uma pesquisa bibliográfica, com a análise de publicações de Paulo Freire[103] e do levantamento de alguns documentos do Núcleo de Educação Popular Paulo Freire, como o Histórico, o Estatuto, o Projeto e os seus Relatórios.

Apresento o Núcleo de Educação Popular Paulo Freire e, em seguida, como a educação freireana fundamenta as práticas educacionais do Núcleo e por fim a sua contribuição para a formação do educador.

O Núcleo de Educação Popular Paulo Freire: ações de ensino, pesquisa e extensão

O NÚCLEO DE Educação Popular Paulo Freire — NEP, implantado em 2002, é oriundo do Programa de Alfabetização de Adultos: Processo Social para a Libertação — Proalto, criado em 1995, por iniciativa de alunos do Centro Acadêmico e de professores do Curso de Pedagogia do Centro de Ciências Sociais e Educação da Universidade do Estado

102. Coordenada pela professora Ana Maria Araújo Freire.

103. Ver referências bibliográficas contidas no texto.

do Pará.[104] Desde então, o Programa ampliado de Projeto de Educação de Jovens e Adultos para Núcleo de Ensino, Pesquisa e Extensão, vem se constituindo em práticas educacionais e de pesquisa de compromisso político com as classes populares, cuja fundamentação teórica é o pensamento educacional de Paulo Freire.

O Programa atendia as comunidades da Vila da Barca e do Barreiro,[105] localizadas nos bairros periféricos do Telégrafo e da Sacramenta, em Belém do Pará, e tinha como objetivo:

> o compromisso político-pedagógico com a alfabetização da classe trabalhadora numa dimensão libertadora, através do estabelecimento de uma leitura e compreensão da vida e do mundo, permitindo ao educando refletir sobre a sua própria realidade e desenvolver sobretudo o hábito de pensar, partindo do conceito de senso comum, para chegar a uma compreensão mais rigorosa da realidade[106]

Esse objetivo é mantido no Núcleo por meio da relação dialógica com segmentos populares de Belém e de outros municípios do Estado do Pará em diversos espaços educacionais: centros comunitários, ambientes hospitalares, unidade de acolhimento de idosos, comunidades rurais ribeirinhas e escolas, entre outros, constitui-se numa ação

---

104. Proalto - Histórico e Estatuto. Belém: CCSE-UEPA, 1998.

105. Comunidades situadas na cidade de Belém, na beira do rio, com existência de pontes de madeira e palafitas. Área alagada sem saneamento básico e com péssimas condições de vida e habitação.

106. *Projeto: Programa de Alfabetização de Adultos — Proalto: Processo Social para a Libertação*. Belém: CCSE-UEPA, 1997, p. 3.

extensionista universitária articulada com a pesquisa e o ensino, lutando, assim, contra o analfabetismo e o processo de inclusão social, por meio de atividades educativas críticas compartilhadas "com" a população não escolarizada.

O Núcleo atende crianças, jovens, adultos e idosos em turmas de alfabetização e pós-alfabetização, de ensino de filosofia com crianças e de educação sexual na abordagem freireana, por meio de grupos de estudos e trabalhos constituídos por educandos de cursos de graduação e pós-graduação da Universidade do Estado do Pará; realiza eventos, cursos de formação de educadores populares e pesquisas vinculadas a seis linhas de investigação: (1) Educação popular de jovens e adultos; (2) educação popular infantil e escolarização básica; (3) educação inclusiva e diversidade; (4) educação freireana e filosofia; (5) educação, desenvolvimento e ação coletiva na Amazônia rural e (6) Paulo Freire e a Educação Popular.

Em 2013 participaram das atividades de extensão e ensino do Núcleo 150 educandos nas turmas de educação popular, 30 nas formações e 300 nos eventos realizados. Atividades que envolveram 4 docentes e 1 técnico, 2 bolsistas e 20 alunos voluntários da UEPA. O Núcleo participa de pesquisas em nível nacional/regional entre as quais: o Observatório Nacional de Educação Especial coordenado pela UFSCAR, a Rede Freireana de Educação, coordenada pela PUC-SP, o Centro de Memória e Documentação de Educação de Jovens e Adultos, coordenado pela UFPA, em nível regional e pela SECADI — MEC no âmbito nacional. O Núcleo ainda possui publicações de livros, que refletem a produção no ensino, pesquisa e extensão de seus educadores e educandos.

Essas ações têm contribuído significativamente para o processo de inclusão social de diversos segmentos das classes populares, entre os quais mulheres vítimas de escalpelamento por barco, bem como para a formação dos graduandos de diferentes cursos da Universidade do Estado do Pará, pois têm possibilitado uma reflexão permanente sobre o fazer pedagógico contextualizado na realidade social dos diferentes espaços educacionais e municípios que atuam, permitindo a interação teoria e prática, o que interfere positivamente nos próprios Cursos de Formação, especialmente no Curso de Pedagogia, do qual o Programa é oriundo.

Educadores do Núcleo de Educação Popular Paulo Freire, expressam sobre o NEP da seguinte forma:

> Este Núcleo, ao longo de sua trajetória, vem trabalhando ética e politicamente em prol dos excluídos e lutando para a construção de uma sociedade mais justa, igualitária, humana e feliz. Enquanto educadores(as) populares, que estamos sendo todos os dias, registramos a nossa felicidade em fazer parte da escola nepeana, que muito tem ajudado na nossa formação humana, ética, política, profissional e pessoal.[107]

Essa fala destaca que o Núcleo é comprometido politicamente com as classes populares e se constitui em espaço de formação ética, política e humana dos seus educadores.

---

107. Adriana Machado da Silva *et al.*, "Memória viva: a prática pedagógica popular com pessoas idosas". In: Ivanilde Apoluceno de Oliveira (Org.), *Caderno de Atividades Pedagógicas em Educação Popular:* relatos de pesquisas e de experiências dos Grupos de Estudos e Trabalhos. Belém: Eduepa, 2009, p. 78.

A presença de Paulo Freire nas ações pedagógicas do Núcleo de Educação Popular Paulo Freire

O Núcleo é compreendido como uma proposta político-pedagógica de educação popular por seu interesse pela educação das classes populares e por compreender a educação como processo social para a libertação.

Essa visão político-pedagógica da educação tem suas bases de sustentação teórico-prática em Paulo Freire, tanto pela sua *história de vida* evidenciada pelo seu engajamento com a educação dos oprimidos e a educação de adultos, constituindo-se num referencial histórico na educação brasileira, como também por sua *concepção de educação popular* relacionada a uma prática política de transformação social, vinculada a uma organização e mobilização social, na qual o saber-fazer das classes populares está presente.

Educação freireana *popular e democrática*, que o *povo cria*, efetivada *com* as classes populares, isto é, por meio de sua participação na construção do conhecimento e no processo educacional, em contraposição à direcionada *para o povo*. Educação que para Freire se constitua em uma pedagogia do oprimido e prática educativa humanista e da liberdade. Pedagogia construída:

> com ele e não para ele, enquanto homens ou povos na luta incessante de recuperação de sua humanidade. Pedagogia que faça da opressão e de suas causas objeto de reflexão dos oprimidos, de que resultará o seu engajamento necessário na luta por sua libertação.[108]

---

108. Paulo Freire, *Pedagogia do oprimido*. 12ª edição. Rio de Janeiro: Paz e Terra, 1983, p. 32.

Educação freireana caracterizada como situação:

- *de classe*, pelo engajamento político-cultural com as classes populares e oprimidas, considerando a sua situação concreta de opressão social;
- *gnosiológica*, pelo fato do sujeito conhecer, construir e reelaborar o conhecimento, por meio da comunicação e diálogo com outros sujeitos;
- *de práxis*, no sentido dos seres humanos refletirem e agirem sobre o mundo para transformá-lo;
- *ético-política*, na medida em que compreende a ação de comunicação e de intervenção sociocultural do ser humano no mundo, entrelaçada por uma relação de classe e de poder.

Educação que tem um papel ético-político com a formação e a libertação dos seres humanos que estão situados num contexto histórico, social, cultural e político determinado, por isso é fundamental para Freire que o educador tenha clareza "a favor de quem" se faz educação.[109]

O trabalho crítico de alfabetização desenvolvido pelo Núcleo tem como referência a visão de Paulo Freire de alfabetização: "como ato de conhecimento, como ato criador e como ato político é um esforço de leitura do mundo e da palavra".[110] Alfabetização que se dimensiona pela leitura crítica do mundo e da palavra, sendo uma ação de

---

109. Paulo Freire e Ira Shör, *Medo e Ousadia:* o cotidiano do professor. Rio de Janeiro: Paz e Terra, 1986.

110. Paulo Freire, *A importância do ato de ler:* três artigos que se complementam. São Paulo: Autores Associados: Cortez, 1982, p. 35.

conhecimento, criadora e política, devendo ser analisada no contexto das relações sociais de poder e na compreensão dialética do processo de reprodução-transformação sociocultural, do qual a educação faz parte.

A superação da contradição opressor-oprimido só é possível, conforme Freire, pela práxis, isto é, pela "reflexão e ação dos homens sobre o mundo para transformá-lo"[111] e pela criticidade, porque a superação "exige a inserção crítica dos oprimidos na realidade opressora, com que, objetivando-a, simultaneamente atuam sobre ela". Este processo de desvelamento crítico da realidade constitui-se na conscientização, realizada entre os homens e as mulheres em sua ação dialógica e de comunicação. Para Freire "não há conscientização se, de sua prática, não resulta a ação consciente dos oprimidos, como classe social explorada, na luta por sua libertação".[112]

A prática educativa crítica, dialógica e democrática proposta por Freire implica reconhecer "o outro" como sujeito do conhecimento e da cultura, reconhecer no "outro" o direito de dizer a sua palavra e estabelecer ações concretas com "o outro" permitindo a sua participação no processo educativo. Implica valorizar o conhecimento do aluno e do saber popular, desmistificando o poder do saber científico na educação escolar.[113]

---

111. *Idem*, *Pedagogia do oprimido*. 12ª edição. Rio de Janeiro: Paz e Terra, 1983, p. 40.

112. Paulo Freire, *Ação Cultural para a liberdade e outros escritos*. 6ª edição. Rio de Janeiro: Paz e Terra, 1982, p. 109.

113. *Idem*, *A importância do ato de ler*: três artigos que se complementam. São Paulo: Autores Associados; Cortez, 1982.

Na visão de Freire:

> Quem apenas fala e jamais ouve; quem " imobiliza" o conhecimento e o transfere a estudantes, não importa se de escolas primárias ou universitárias; quem ouve o eco, apenas, de suas próprias palavras, numa espécie de narcisismo oral; quem considera petulância da classe trabalhadora reivindicar seus direitos; quem pensa, por outro lado, que a classe trabalhadora é demasiado inculta e incapaz, necessitando, por isso, de ser libertada de cima para baixo, não tem realmente nada a ver com libertação nem democracia.[114]

A metodologia de trabalho construída pelo Núcleo, em seu Projeto Pedagógico,[115] tem por base as seguintes diretrizes de Paulo Freire:

Educação dialógica:

- a *oralidade* fonte de expressão do ser humano sobre o seu existir, o seu saber experienciado e a sua cultura.
- o *diálogo*, numa dimensão metodológica e política, pois permite a comunicação entre os sujeitos do conhecimento e o direito de todos de dizerem a sua fala.
- O educando tem que ser estimulado a falar e expressar sua visão de mundo.

---

114. *Ibidem*, p. 30-31.

115. NEP. *Projeto Pedagógico*. Belém: CCSE-UEPA, 2002, p. 10.

Educação problematizadora:

- *A pergunta* como fonte do conhecimento humano.
- a *criticidade*, que possibilita ao educando problematizar a realidade social e explicitar a "razão de ser" dos fatos, ao se estimular a curiosidade e o ato de perguntar.
- O educando tem que ser incentivado a perguntar, a problematizar a realidade social em que vive.
- *Educação da autonomia* — O educando tem que ser sujeito da ação educativa, participar ativamente na construção do conhecimento, sendo o educador o orientador.
- *Educação ético-política* — O educador deve promover ações educativas individuais e coletivas estimulando a solidariedade, o respeito às diferenças e a convivência democrática e coletiva em sala de aula.

Educação rigorosa

- a *práxis*, como processo dialético permanente de reflexão-ação sobre o fazer educativo.
- O educador deve trabalhar em sala de aula o vivenciado pelo aluno, suas situações existenciais, sociais e culturais articuladas aos saberes escolares.[116]

Na concepção freireana de educação popular a tarefa do educador popular é de militância, é a de problematizar a realidade, por meio do diálogo com o povo e com os educandos. Para Freire e Shör "os educadores

116. NEP. *Projeto Pedagógico*, p. 30.

libertadores não são missionários, não são técnicos, não são meros professores. Têm de tornar-se, cada vez mais, militantes!".[117]

A contribuição do Núcleo de Educação Paulo Freire para a formação do educador

O Núcleo no trabalho de formação permanente de seus educadores populares atua de duas formas: a) na vivência da prática educacional, por meio do processo de reflexão sobre a prática; b) em grupos de estudos e trabalhos, oportunizando leituras críticas, debates de temas de interesse do grupo e realização de pesquisas; c) realização de cursos, palestras e eventos.

O educando ingressa nos Grupos de Estudos e Trabalhos e começa a participar do planejamento e da execução das atividades e no fazer cotidiano coletivo realiza leituras e pesquisas, propõe ações, debate questões, problemas e cria alternativas. Aprende com o grupo a dialogar, a ter criatividade, criticidade, autonomia, companheirismo e solidariedade, o que lhe possibilita uma formação humana. Participa dos cursos e eventos realizados pelo Núcleo, bem como apresenta trabalhos em eventos e elabora trabalhos de conclusão de curso, relatando e debatendo a experiência educacional vivida nas turmas ofertadas pelo Núcleo.

---

117. Paulo Freire e Ira Shör, *Medo e Ousadia:* o cotidiano do professor. Rio de Janeiro: Paz e Terra, 1986, p. 65.

> O NEP nas suas ações socioeducacionais com crianças, jovens, adultos e idosos entende que é imprescindível um trabalho de formação para os educadores, considerando as especificidades dos sujeitos com quem vão trabalhar. A formação não está restrita a períodos específicos, a eventos pontuais, mas a um processo contínuo que está relacionado às suas práticas socioeducativas, aos encontros semanais, às jornadas pedagógicas, às reuniões de planejamento que ocorrem nos grupos de trabalhos, nas orientações individuais e nas conversas cotidianas entre os educadores mais experientes e aqueles que estão se inserindo pela primeira vez no Núcleo. Portanto, o NEP caracteriza-se como um espaço de formação permanente, um espaço de ensinar e aprender.[118]

Como diz as autoras o Núcleo é um espaço de formação permanente que considera as especificidades dos educandos e as necessidades teóricas e práticas de seus educadores.

Considerações finais

É a partir do trabalho de militância, crítico e libertador proposto por Freire que o Núcleo busca construir a sua ação educativa com crianças, jovens, adultos e idosos das

118. Maria de Jesus Lopes da Silva; Silvia Sabrina Borges de Castro, "Núcleo de Educação Popular Paulo Freire — NEP: *locus* de formação permanente". In: Ivanilde Apoluceno de Oliveira (Org.), *Caderno de Atividades Pedagógicas em Educação Popular:* relatos de pesquisas e de experiências dos Grupos de Estudos e Trabalhos. Belém: Eduepa, 2009, p. 35.

classes populares de uma região plena de riquezas naturais e culturais, mas de vasta pobreza social, a Amazônia.

O registro da presença de Paulo Freire no Núcleo evidencia a importância histórica do seu pensamento educacional, que ultrapassa barreiras geográficas e demonstra a atualidade de sua fala e de suas categorias teóricas construídas, em processo de reflexão constante de o seu fazer social e educacional cotidiano.

A atualidade do pensamento educacional de Paulo Freire está em ser historicamente contextualizada na problemática da exclusão e da relação de opressão entre as classes sociais e constituir-se numa educação crítica, humanista e libertadora efetivada *com* as classes populares, superando práticas educativas tradicionais e alienantes que excluem e não atendem às necessidades sociais e culturais destas classes.

O compromisso político com as classes populares e com o projeto de mudança social vivido por Paulo Freire em suas experiências educativas e expresso em sua construção teórica, que historicamente passa da *Pedagogia do Oprimido* à *Pedagogia da Tolerância*, tem contribuído para o fortalecimento das ações éticas, políticas e educativas do Núcleo, para o exercício de reflexão sobre a prática pedagógica pelos seus educadores, para a formação humanista e, sobretudo, para uma postura crítica de seus educadores e educandos frente ao contexto educacional paraense, brasileiro e mundial.

21

Paulo Freire, um clássico

Mário Sérgio Cortella

Nos "idos" de uma tarde de março de 1986, Paulo Freire proferiu a Aula Inaugural do Curso de Pós-Graduação em Educação (Supervisão e Currículo) da PUC-SP. Ao final da exposição, durante os debates, perguntei-lhe se ele se considerava um clássico e, se assim o fosse, o que pensava da frase do sempre irreverente e instigante Millôr Fernandes: "Clássico é um escritor que não se contentou em chatear apenas os contemporâneos."

O Mestre, sem perder a fleugma e sem falsa humildade (sinal de sua segura sabedoria), apanhou minha provocação e a reinterpretou de modo incisivo: "Sou um clássico, sim. Não porque subjetiva e presunçosamente deste modo me considere, mas porque, como clássico, sou considerado por todas aquelas e todos aqueles que encontram em minha obra um instrumento para enfrentar um clássico problema: a existência de opressores e oprimidos. Por isso, enquanto esse problema persistir, quero continuar chateando, incomodando e fustigando os que, contemporâneos meus ou não, defendam a permanência das desigualdades."

A expressão mais contundente dessa postura freireana é exatamente a *Pedagogia do oprimido*. Nela encontramos os fundamentos de uma convicção militante: não é possível estarmos bem com o mundo do jeito que está!

É preciso chatear os que impedem a manifestação do pensamento livre e da individualidade responsável; os que constrangem os corpos com a violência da fome e a agressão da doença sem socorro; os que acatam a crueldade da tortura e a degradação brutal do local onde vivemos; o padecimento provocado pela não convivência com aqueles a quem se ama. É preciso incomodar e incomodar-se com a existência dos que são vitimados pela falta de trabalho, humilhados pela ausência de estudo, desprovidos de um lazer sadio, mortalmente feridos pela discriminação de qualquer tipo e violentados pelo embaraço traumático da religiosidade, sexualidade, amorosidade e liberdade. É preciso, em suma, fustigar as situações nas quais podem apodrecer nossas esperanças e a sacralidade de nossas vidas.

A *Pedagogia do oprimido* é um clássico e, tal como seu autor, esperamos que um dia, com a anulação das condições que tornaram a obra necessária, seja apenas a memória de um tempo no qual nossa plena humanidade ainda se ausentava.

22

Aspectos semânticos e pragmáticos da pedagogia de Paulo Freire

Manfred Peters

Como linguista profissional, tenho um interesse especial nos aspectos semânticos e pragmáticos da teoria educacional de Paulo Freire. No entanto, as ideias discutidas a seguir não são de natureza puramente acadêmica, tendo suas raízes em dois projetos concretos, brevemente sumarizados.

O primeiro deles relaciona-se ao programa pedagógico da Universidade da Paz, fundada por Dominique Pire, laureado com o prêmio Nobel da Paz, iniciada há 25 anos. O programa consiste de projetos concretos que envolvem uma grande variedade de grupos — professores(as), líderes sindicais, membros de organizações populares, coordenadores(as) de centros para a juventude etc. Essa pesquisa busca determinar de que formas e até que ponto a língua pode ser instrumental no processo de conscientização.

O segundo projeto consta do programa de desenvolvimento da União Europeia, chamado "Alfabetização e

Conscientização no Kivu", da República Democrática do Congo, iniciado e coordenado por mim desde 1993. Os fundamentos filosóficos e metodológicos desse programa também são baseados na teoria educacional de Paulo Freire.

O que aprendi com Paulo Freire? Quais aspectos de sua pedagogia têm sempre tido um valor fundamental para mim?

Na visão freireana, a linguagem não pode ser dissociada do seu contexto social e político ou do seu papel criador de estratégias de ação. Por intermédio de seu estudo dos elementos constitutivos da linguagem, Freire descobriu que existe uma relação íntima entre a reflexão e a ação — as duas dimensões da linguagem — e que mesmo um dano parcial a um desses componentes inevitavelmente causaria prejuízo ao outro. Portanto, para ele, a linguagem real sempre envolve a práxis, e usar uma linguagem real significa mudar o mundo.

Paulo Freire fez a crucial descoberta de que cada ato discursivo contém um componente perlocutório. Levando-se em consideração que a sua filosofia da linguagem é baseada em uma visão de mundo muito específica (a qual julga o ser humano como sujeito, cuja tarefa é controlar e mudar o seu próprio destino), penso que sua visão teórica vai muito além da pragmática clássica (Cf. Austin & Searle).

A linguagem desempenha um papel essencial na conscientização que, para Freire, é um processo de reconquista da própria linguagem. A fim de obter controle sobre sua realidade e estar à altura do seu destino ontológico, o ser humano precisa aprender a "nomear" o mundo. O significado de uma palavra, segundo ele, só pode existir em uma situação concreta, isto é, na relação do indivíduo com o mundo. A base dessa visão é uma teoria semântica específica, a qual define o significado como algo que não é inerente à palavra, possuindo apenas uma existência semântica potencial, que se torna real em um contexto específico.

Essa visão se encontra particularmente clara no trabalho de Freire com as palavras ou temas geradores que, conforme ele argumenta, sempre possuem um significado existencial para o grupo de educandos(as), e cujo valor semântico tem suas origens em condições locais e temporais muito específicas. Repetidas vezes, enfatizou a íntima relação entre a linguagem e a realidade. Assim, em seu ensaio de 1988 sobre as qualidades essenciais necessárias ao pedagogo comprometido, ele diz: "somente se pudermos ler a realidade, seremos capazes de compreender as palavras, o texto. Ler um texto requer não somente a leitura das palavras, mas também a leitura interpretativa do contexto".

Segundo Freire, existe uma íntima conexão entre a linguagem, a interação e a realidade (com os seus componentes político, cultural, econômico e social). Essa conexão pode ser representada por meio de um triângulo cujos polos se condicionam mutuamente, cada um mostrando dois tipos de influências opostas: a interação pode ser dialógica ou antidialógica, a linguagem pode tanto aumentar quanto diminuir a consciência social e a realidade pode humanizar ou alienar.

Qualquer mudança positiva ou negativa em um dos três polos afeta os outros dois. Assim, o uso da linguagem no desenvolvimento da consciência social altera a interação e a realidade. Da mesma forma, uma mudança na interação (isto é, uma mudança do antidiálogo para o diálogo) melhora o comportamento linguístico e a realidade.

Talvez seja interessante citar um exemplo extraído da minha própria experiência, o qual mostrou-me a importância das conexões acima discutidas. Embora em certa época eu tenha começado a interessar-me mais pela linguística feminista, não consegui perceber, de início, a importância em consumir muita energia para adaptar as formas do feminino (como, por exemplo, os títulos profissionais) ao sistema linguístico. A meu ver, esse era apenas um problema acadêmico. No entanto, hoje reconheço que estava enganado, pois, ao usar continuamente o gênero feminino quando me refiro às mulheres, estou contribuindo para mudar a interação entre homens e mulheres. Mais precisamente, ao usar o feminino contribuo para que as pessoas se tornem mais conscientes a respeito da discriminação sexual. Assim, posso contribuir, em longo prazo, para a realização de mudanças da realidade cultural, social, econômica e política.

Com Paulo Freire, também aprendi que nenhuma mudança fundamental é possível sem a desmitificação da realidade. O problema da mitificação e o de sua superação sempre foram questões centrais em sua obra. Suas tentativas em resolvê-las forneceram as bases para o trabalho de desenvolvimento da consciência social na África.

- MITOS: Seja qual for o formato em que são transmitidos — lendas, provérbios, canções ou textos religiosos — quando legitimam o poder de um homem sobre o outro, gerando a exploração e a discriminação sexual, precisam ser submetidos à análise crítica. Considerem os seguintes provérbios dos Bashi (no idioma Mashi), os quais deixam clara a situação predominante e as mudanças que precisam ser feitas mediante um programa educacional e de desenvolvimento inclusivo:
- *Omukazi arbaha embuga* (o lugar de uma mulher é em casa);
- *Omukazi muguma arhamanya oku atuhire* (a mulher não se dá conta do seu declínio quando ela é a única esposa de seu marido);

- *Omukazi abâwa n'obutûdu* (a dor faz a mulher elegante);
- *Eby 'omukazi hy'iba* (a propriedade de uma mulher pertence ao seu marido);
- *Orhasima waniungu amubera* (um homem que não gosta de seu pote quebra-o em pedacinhos, isto é, o homem que não gosta de uma mulher bate nela).

Outro provérbio do Congo (no idioma Lingala) diz: "*Kolya na mwasi, koluya na ndoki*" (compartilhe alguma coisa — sua comida, um segredo, sua cama — com uma mulher e você a estará compartilhando com uma cobra). As canções populares também são muito reveladoras! Uma canção em Suaile, muito conhecida em todos os países dos Grandes Lagos, refere-se ao suposto nível de inteligência das mulheres: "*'Akili ya bibi haiwezi kupita ya bwana, akili ya bibi iko sawa ya mutoto kidogo*" (a inteligência de uma mulher não deve nunca superar a de um homem; a inteligência de uma mulher é comparável à de uma criança). E no Burundi as crianças cantam (no idioma Kirundi): "Uma menina é apenas neblina; um menino é a madeira de um cercado. Uma menina é menos que uma criança, ela é apenas neblina que desaparece; um menino cuida das vacas e as traz de volta ao cercado."

É igualmente típica a seguinte história da Ilha Iko, no Kivu, contada por pessoas mais velhas do local e baseada em fatos reais, que diz: quando uma mulher solteira engravidava, ela era abandonada na pequena Ilha Manyunyugu, ainda hoje desabitada, onde morreria de fome ou seria raptada por homens de Ruanda. No entanto, seu parceiro sexual não sofria qualquer tipo de punição.

Como foi demonstrado por Paulo Freire, os mitos obstruem o processo de transformação da realidade. Logo, qualquer abertura da consciência social requer um processo de desmitificação cujo objetivo é desmascarar a opressão e desenvolver estratégias de ação contra ela.

Daí o esforço contínuo dos grupos populares, em meu projeto africano, em desvelar a realidade e criar a *utopia,* no sentido freireano. Esse esforço visa contribuir para que as mulheres e homens passem a desempenhar um papel ativo na tarefa de se criar uma sociedade mais justa e mais cooperativa. Freire mostrou que há uma conexão dialética entre o ato de denunciar o mundo desumanizante da atualidade e o ato de dar esperança sobre o mundo futuro humanizado. A conclusão a que se chega é que apenas os utópicos podem ter esperança e ser profetas, não havendo futuro para os opressores.

Além disso, o trabalho desenvolvido na Universidade de Paz, anteriormente mencionada, está intimamente ligado às ideias de Paulo Freire. De fato, o fundador desse instituto internacional, o vencedor do prêmio Nobel, Dominique Pire, faz do diálogo a base do seu trabalho, definindo-o da seguinte maneira: "Estritamente falando, o diálogo fraternal consiste em cada participante deixar de lado, temporariamente, a sua personalidade e os seus pontos de vista a fim de compreender e apreciar o ponto de vista de outra pessoa sem, necessariamente, compartilhá-la."

A preocupação de Paulo Freire com os aspectos coletivos e sociais do diálogo é um complemento essencial a essa abordagem individualista. Para ele, o diálogo é um encontro entre os seres humanos mediados pelo mundo, cuja finalidade é *nomear* o mundo (ou dar-lhe uma identificação linguística). Logo, não pode haver diálogo entre aqueles que querem *nomear* o mundo e aqueles que se recusam a fazê-lo, nem entre aqueles(as) cuja tendência é negar às outras pessoas o seu direito de usar a linguagem e aqueles e aquelas que foram roubados(as) desse direito. Portanto, a realidade do(a) opressor(a) que luta implacavelmente pela subjugação do oprimido(a) é necessariamente antidialógica.

Em cooperação com minha colega de Berlim, Inge Ruth Marcus, escrevi recentemente um artigo intitulado "Der Kampf um die Seele der Wörter" ["A luta pela alma das palavras"], o qual constará de uma antologia publicada pelo jornal literário belga *Krautgarten*. Paulo Freire também fez uma importante contribuição ao estudo desse tópico: graças à sua investigação sobre os elementos constitutivos da linguagem, concluiu que existe uma conexão íntima entre a reflexão e a ação — as duas dimensões da linguagem — e que mesmo um dano parcial a um desses componentes inevitavelmente causará prejuízo ao outro. Assim, ele afirma que a linguagem real sempre envolve "práxis", isto é, o uso da linguagem real significa transformar o mundo. Por outro lado, abster-se do seu uso é equivalente à autonegação, pois significa abster-se de transformá-lo.

A ideia básica consiste no fato de que o homem/a mulher e a linguagem são duas coisas inextricavelmente ligadas e comprometidas entre si. Ao manter sua integridade e ser autêntico, o ser humano é também fiel à sua linguagem e, portanto, um vencedor na luta para conservar sua essência. A conclusão a que se chega é significativa: a essência da linguagem e a alma daquele(a) que a usa são inseparáveis.

(DSP)

23

Paulo Freire em tempos de exclusão

Miguel G. Arroyo

Na reunião anual da Associação Nacional de Pesquisa e Pós-Graduação em Educação (ANPED), em 1998, fizemos uma homenagem simples à memória de Paulo Freire. Uma aluna que estava terminando o curso de Pedagogia em uma faculdade brasileira deu um depoimento bastante desalentador: "Ao longo dos quatro anos de formação como pedagogos, na copiosa bibliografia indicada, apenas nos foi recomendado um livro de Paulo Freire." Diante de fatos como esse, que ficará do pensamento freireano nos próximos anos?

Outro fato inquietante: estão aparecendo vários livros reconstruindo a história dos quinhentos anos de educação no Brasil. Serão destacados temas e figuras humanas consideradas imprescindíveis para nossa história, para sua compreensão. Que lugar ocuparão a educação popular e, especificamente, a figura e o pensamento de Paulo Freire? Merecerão uma lembrança ou serão considerados descartáveis na compreensão de nossa história? Possivelmente não sejam temas nem figuras consagrados pelo debate e pesquisa. Serão temas fora de foco, que não pertencem ao nosso patrimônio histórico, nem representam uma marcante inspiração e intervenção social e educativa. Será possível essa visão? Podemos concluir que, se depender dos centros de pesquisa e formação e de certa historiografia, o pensamento pedagógico freireano já pertence ao passado? Não terá lugar na nossa memória social, nem na história da nossa educação? Não influenciará a prática dos educadores?

Mas um fato vem na contramão desses outros: um grupo de pesquisadores e docentes se propõe a recuperar a memória dos quarenta anos de educação popular. Aí, com certeza, Freire terá um lugar de destaque. Seu pensamento e sua obra encontrarão a atenção merecida, ao menos como um capítulo da história da educação popular latino-americana.

Esses fatos nos colocam diante de uma constatação: o pensamento e a figura de Paulo Freire encontram espaço apenas nas lembranças da educação não formal, tendo dificuldades de serem incorporados na formação de professores, nas pesquisas, nas teorias pedagógicas e na historiografia, que têm como foco a educação formal.

Exatamente esses fatos tão desencontrados são preocupantes, pois confirmam uma imagem que foi fabricada e repassada: a pedagogia de Freire e sua figura histórica têm tudo a ver com a educação popular, com a alfabetização de adultos, com sua politização e conscientização. Nesse lugar, nesse santuário, ele merece um altar. Porém, na história da educação escolar, na história do pensamento e da teoria pedagógica, ele é descartável, é um estranho. Nada mais tranquilo para a educação formal, para certas teorias pedagógicas, curriculares ou da didática, para um certo olhar historiográfico, do que dizer: "Paulo Freire, teu altar é bem merecido, mas em outro santuário; lá terás seguidores e admiradores. Entre nós, na escola, nos cursos de Pedagogia, não passas de um estranho visionário, tu não fizeste história."

Essa imagem e esse reparto de lugares são muito cômodos. A quem interessa essa dicotomia? Como desconstruí-la? Ou melhor, ela resistirá à realidade que estamos vivendo? Paulo Freire, seu pensamento e sobretudo sua prática de educador pertencem ao passado? São encostáveis no desvão da sem-memória educativa?

Atrevo-me a pensar que estamos em tempos de extrema atualidade de seu pensamento e de sua figura, não porque se escreverá ou se pesquisará mais sobre sua obra ou porque este ou outros livros manterão sua memória acesa, mas porque a realidade social e cultural que alimentou seu pensar e sua prática está tão viva quanto nas décadas em que Freire e tantos outros educadores e pensadores foram tentando responder teórica e pedagogicamente às interrogações que essa realidade lhes propunha.

Eis a matriz do seu pensamento: olhar para a realidade com sensibilidade pedagógica e entender a dramaticidade das interrogações de seu tempo. Assim começa a justificativa da *Pedagogia do oprimido:*

> Mais uma vez os homens [mulheres], desafiados pela dramaticidade da hora atual, se propõem a si mesmos como problema... Se fazem problema a eles mesmos... O problema de sua humanização, apesar de sempre dever haver sido, de um ponto de vista axiológico, o seu problema central, assume, hoje, caráter iniludível.[119]

---

119. P. Freire, *Pedagogia* do *oprimido*. Rio de Janeiro: Paz e Terra, 1987, p. 29.

Este me parece o núcleo fundante de seu pensamento e de sua prática pedagógica: situar todo ato educativo (também o escolar), toda teoria pedagógica, em sintonia com os desafios postos pela dramaticidade de cada hora, em sintonia com o problema da humanização, com o ser humano como problema — os homens "se fazem problema a eles mesmos". A pedagogia como humanização aproxima Freire de uma das matrizes pedagógicas mais perenes.

A dramaticidade da hora atual repõe o olhar pedagógico de Paulo Freire com legítima atualidade. Sua pedagogia se articula numa sensibilidade amorosa para com os oprimidos, para com a dramaticidade de suas existências, para com os processos humanizadores-desumanizadores da exclusão e da opressão. Ele não vê a história como um processo linear de humanização, não se confunde com qualquer humanismo pedagógico-romântico.

O pensamento de Freire e sua figura de educador impressionam-me por vincular estreitamente humanização-desumanização e educação.

> Constatar esta preocupação implica, indiscutivelmente, reconhecer a desumanização, não apenas como viabilidade ontológica, mas como realidade histórica. É, também, e talvez sobretudo a partir desta dolorosa constatação que os homens se perguntam sobre a outra viabilidade — a de sua humanização. Ambas, na raiz de sua inconclusão, os inscrevem num permanente movimento de busca. Humanização e desumanização, dentro da história, num contexto real, concreto, objetivo, são possibilidades dos homens [mulheres] como seres inconclusos e conscientes de sua inconclusão.[120]

120. *Ibidem*, p. 30.

Aqui podemos encontrar a resposta mais radical à pergunta inicial: a pedagogia freireana tem atualidade? Sim, porque estamos em tempos de brutal desumanização dos setores populares, pois com um mínimo de sensibilidade podemos ter essa dolorosa constatação que a desumanização a cada dia é mais cruel, que a opressão e exclusão se alastram em tempos de globalização.

Será essa dramaticidade que nos interroga como educadores? Aí Paulo Freire será uma referência obrigatória. Podemos dizer que educar é repor os vínculos entre educação e humanização, mas, também, entre educação e desumanização. Não é a procura desses vínculos que costura seu pensamento e sua prática? Não tem sido reencontrar esses vínculos perdidos pelo tecnicismo e pela mercantilização da educação, sobretudo escolar, a grande contribuição do seu pensamento?

Basta olhar para os brutais processos de desumanização de milhões de seres humanos que invadem as vilas miseráveis, as favelas, as ruas, para não termos dúvida de que estamos, como educadores, diante da mesma realidade histórica persistente que justificou a *Pedagogia do oprimido*.

Enquanto vivermos em "tempos de cólera", de opressão e exclusão, de miséria, desemprego e subemprego, enquanto houver um mínimo de sensibilidade humana, Paulo Freire, com sua figura, continuará incomodando a teoria e a prática educativa formal ou informal. Pouco adiantará encostá-lo em outros altares, em outros templos. É a realidade cruel que nos rodeia que continuará nos incomodando como educadores, como o incomodou sempre.

Assim situada a atualidade da prática e da teoria educativa das pedagogias freireanas na violenta atualidade da desumanização, podemos nos perguntar: Como se manifesta no nosso contexto atual a tensão entre humanização-desumanização-educação?

Já na década de 1960, as tensões que levaram a pedagogia latino-americana a se repensar vinham dos trabalhadores urbanos e sobretudo dos camponeses. A educação popular, uma história tão rica do pensamento educativo latino-americano, alimentou-se do contato com os subalternos, especialmente com os da terra.

As análises de Freire sobre a opressão, sobre a consciência oprimida, têm como referência, como ele nos diz, "os camponeses que conhecemos em nossa experiência educativa ... esses homens, mulheres, meninos desesperançados, mortos em vida, sobras de gente...".[121] A percepção dessa desumanização levou-o a se perguntar sobre outra realidade do campo, das lutas de libertação, de suas redes de socialização, da reinvenção da vida, dos valores, da cultura popular: a realidade de sua humanização.

Mais de trinta anos depois, essa realidade continua ainda mais dramática, com milhões de homens, mulheres e crianças sem terra, sem teto, sem trabalho... Sombras de gente, mas lutando por sua liberação, por seus direitos.

O Movimento dos Trabalhadores Rurais Sem-Terra (MST) está aí inquietando, interrogando a sociedade, seus valores, suas estruturas e relações sociais. Está aí como um movimento social, cultural, educativo. Os educadores e as

121. *Ibidem.*

educadoras do MST assumem a figura de Paulo Freire como um símbolo em todos os seus encontros. É uma identidade e uma continuidade entre a ação educativa do MST, como movimento, e a ação pedagógica de suas escolas e de seus educadores(as); uma história educativa que vem de longe.

É a identidade e a continuidade de uma sensibilidade, de uma teoria e de uma prática que tornam Paulo Freire extremamente contemporâneo. Movimentos como o MST, e outros movimentos sociais nas cidades e nos campos, nos dizem que sua figura está viva.

Nesses movimentos sociais do campo ou da cidade, Freire sempre teve e continua tendo um lugar de destaque. Podemos nos perguntar: "Mas, e na educação escolar, na teoria e na pesquisa pedagógica e didática, ele continuará sendo um estranho fora do ninho? Desse ninho?"

Para alguns, sua passagem marcante pela Secretaria Estadual do Município de São Paulo o teria aproximado da escola e do repensar-se da escola. Penso que há fatos sociais e históricos mais radicais que estão aproximando as pedagogias freireanas, e as interrogações que chegam à escola, a seus mestres, aos currículos, à didática, à história, ao pensamento pedagógico.

Em recente encontro com centenas de professores, *maestras* e *maestros* argentinos preocupados com uma escola e uma pedagogia popular, uma *maestra* lembrou: "A infância pobre, miserável, excluída, não fazia parte de nossa história. Agora ela invade nossas escolas, que fazer? Que pedagogia dará conta?" Outro professor acrescentou: "Temos na Argentina quatro milhões e meio de crianças sobrevivendo no limite da miséria."

Sabemos dos milhões de crianças que frequentam as escolas latino-americanas ou que nem as frequentam porque têm de sobreviver, ou que dividem tempo de escola com tempos de sobrevivência, com trabalhos indignos. A infância cúmplice da pedagogia, nossa cúmplice como pedagogos desde os tempos da paideia, está engrossando, hoje, as fileiras de milhões de oprimidos e excluídos, em situações de maior indignidade e desumanização do que nos tempos idos da *Pedagogia da libertação* e da *Pedagogia do oprimido*.

Essa brutal presença da infância e adolescência entre os oprimidos da era da globalização, da sociedade do conhecimento, coloca-nos perante processos complexos e tensos de humanização-desumanização. Aproxima a escola e seus mestres, os currículos, a historiografia, a teoria pedagógica e a didática das questões nucleares que tanto inquietavam Freire, que alimentavam suas reflexões, suas propostas e sua figura de educador. Aproximam inexoravelmente Paulo Freire de milhares de educadores e educadoras latino-americanos que repensam a escola, sua cultura profissional e suas práticas.

Sua teoria não pode mais ser arquivada ou encostada longe do repensar da escola e da história de nossa educação em espaços informais de educação de adultos e jovens oprimidos, a serem alfabetizados e conscientizados em igrejas, sindicatos, ONGs, em programas informais. A cruel realidade de desumanização da infância e adolescência, que pede nossa mão de pedagogos nas escolas públicas, confronta-nos com as mesmas questões que são estruturantes de seu pensamento e de sua prática. Nunca ele foi tão atual para o representar-se da escola pública!

É a própria infância que pretendemos conduzir como educadores que se torna nossa pedagoga e nos leva pela mão ao encontro de Freire, de sua sensibilidade e humanismo pedagógico. Ele está entrando na escola, com sua sensibilidade e pedagogia, trazido pela infância. Vem na mochila, na vida, na tensão entre humanização-desumanização vivenciada pela infância que a cada dia ocupa as cadeiras de nossas salas de aula.

Bastará olhar os rostos desfigurados de crianças e adolescentes para não poder deixar de encará-los como Paulo Freire o fez, para sentir que a infância excluída, oprimida, a infância negada nos interroga e nos pede algo mais do que o letramento, as contas, as noções elementares de ciências. Pede algo mais do que instrução bancária, algo mais do que merenda escolar. Essas crianças e adolescentes nos pedem o que Freire entendeu: que como educadores de escola recuperemos a humanidade que lhes foi roubada já desde a infância; que os reconheçamos como excluídos e oprimidos; que reaprendamos a "pedagogia do oprimido".

É a dramaticidade da hora presente, da desumanização até mesmo da infância, que traz à escola, à pedagogia escolar, aos educadores dessa infância e adolescência a imperiosa obrigação ética e profissional de assumir o humanismo pedagógico tão marcante em Paulo Freire: que toda a prática educativa, até mesmo a escolar, tenha como norte e intuição primeira a recuperação da humanidade roubada aos educandos, à infância e também à adolescência.

Partindo daí, dessa desafiante premência de recuperar a humanidade roubada das crianças, que poderemos ir ao encontro de sua humanização. Poderemos inventar uma escola mais humanizada. Que falta nos faz! Mas como?

Freire nos aconselha a ter sensibilidade para com os brutais processos de desumanização, mas não ficou nunca aí. Lembremos novamente as suas palavras:

> É também, e talvez, sobretudo a partir desta dolorosa constatação (a desumanização) que os homens se perguntam sobre outra viabilidade — a de sua humanização. Se ambas são possibilidades, só a humanização nos parece ser o que chamamos de vocação dos homens. Vocação negada mas também afirmada na própria negação. Vocação negada na injustiça, na exploração, na opressão, na violência dos opressores. Mas afirmada no anseio de liberdade, de justiça, de luta dos oprimidos, pela recuperação de sua humanidade roubada.[122]

O pensamento de Paulo Freire é tão atual quanto nos anos 1960 e 70, pois excluídos, oprimidos e crianças ainda temos e teremos. Mas é atual, sobretudo, porque essa dolorosa constatação nos leva a nos perguntar a nós mesmos sobre a procura de humanização na própria negação e nas lutas atuais por liberdade, justiça, igualdade, diversidade, por recuperar a humanidade roubada e vincular a escola com todo gesto à procura dos direitos.

Se na década de 1960 Paulo Freire e tantos educadores trouxeram para a pedagogia o problema da humanização como uma preocupação e um fato iniludível, mais de três

---

122. *Ibidem*, p. 30.

décadas depois cabe a nós, educadores, ver que ele se tornou tão iniludível ou mais.

A consciência dos direitos humanos, da luta dos oprimidos e excluídos, em prol da liberdade, justiça, igualdade, diversidade, terra, moradia, segurança, emprego, dignidade, avançou. Os movimentos sociais não passaram, surpreendem e chocam nossas sociedades. As organizações em defesa dos direitos humanos estão presentes, atuantes e ofensivas. O ser humano continua se fazendo problema de si mesmo, apesar dos tempos de globalização ou por sua causa.

Esse núcleo fundante do pensamento e da prática de Paulo Freire tem uma atualidade imperiosa para todo pensar e agir educativo. Não se diga que essas lutas pela humanização são somente coisa de adultos. As crianças e adolescentes, com sua presença nas ruas, na cultura, nas escolas, nos incomodam e recolocam velhas questões pedagógicas que continuam desafiantes no presente. Presentes nas ruas, no trabalho, nas escolas, reclamam dignidade, afirmam sua condição de seres humanos, de sujeitos de direitos na experiência de sua negação.

O Estatuto da Criança e do Adolescente está aí a nos lembrar, educadores de escola, que exatamente em tempos de cólera, de exclusão e opressão, a infância se reconhece alguém, gente, deixa de ser *in-fans* e fala sua linguagem, a linguagem da dignidade e da libertação. Ela está aprendendo a "pedagogia do oprimido" desde a mais tenra idade. E a escola e seus mestres, podemos ignorá-la?

Quem sabe se a infância popular nos adverte da centralidade cada dia maior daquele educador que pensou, teorizou, mostrou-nos que ser educador é recuperar a humanidade roubada e, sobretudo, enxertar nossa prática educativa em todo movimento de libertação que venha dos oprimidos, que venha também de todo gesto, ainda inseguro, de humanização e dignidade que aflora na infância com a qual convivemos.

24

Paulo Freire: aspectos de seu humanismo radical

Paulo de Tarso Santos

Ao convidar Paulo Freire para vir do Nordeste radicar-se em Brasília, eu estava me dirigindo sobretudo ao técnico da experiência em alfabetização de adultos de Angicos. Meu objetivo, como explicitei na conversa telefônica que tivemos, era o de realizar uma experiência-piloto que depois estenderíamos a todo o país.

Considerei especialmente a importância política dessa alfabetização em âmbito nacional. Com ela, estaríamos conscientizando rapidamente, pelas características do método, um grande número de analfabetos. Estes se tornariam agentes de mudança na correlação de forças, característica do panorama político nacional daquela época. Mas foi só mais tarde, no Chile, convivendo com Paulo Freire durante o exílio, que tomei consciência plena do alcance político humanista de sua visão filosófica da educação e de seu pensamento atualizado sobre educação de adultos. Em 1993, ele lembrava que:

> A Educação de Adultos é melhor percebida quando a situamos hoje como Educação Popular... Não é possível às educadoras e aos educadores pensar apenas sobre os procedimentos didáticos e os conteúdos a serem ensinados aos grupos populares.[123]

Em outro texto que começara a redigir em 1968, Paulo Freire salientava que:

> Estudar é, realmente, um trabalho difícil. Exige de quem o faz uma postura crítica, sistemática. Exige uma disciplina intelectual que não se ganha a não ser praticando-a. Isto é precisamente o que a "educação bancária não estimula... Sua "disciplina" é a disciplina para a ingenuidade, em face do texto, não para a indispensável criticidade.[124]

Em uma conferência na Universidade de San Andrés de La Paz, Bolívia, em 1970, salientei que a educação como instituição social tende a ser solidária com as demais instituições de uma determinada sociedade; daí sua atual tendência conservadora, ao atuar como agência de "coesão social". Nessa conferência, citei Paulo Freire, lembrando que para ele é domesticadora a educação que se desenvolve na sociedade, como se esta fosse uma realidade estática, definitiva, acabada, a cuja normatividade o educando deve incorporar-se, sem espírito crítico, uma vez que essa

---

123. P. Freire, *Política e educação*. 3. ed. São Paulo: Cortez, p. 27.
124. *Idem*, *Ação cultural para a liberdade*. 8. ed. Rio de Janeiro: Paz e Terra, 1982, p. 9.

sociedade não pode ou não deve ser por ele modificada por meio do exercício normal de sua liberdade. Assim, torna-se absoluto algo que é relativo (a estrutura social); não se considera relativa uma forma cultural criada pelo homem e, portanto, por ele modificável por uma ação transformadora. Em suma: o que foi criado pelo homem na busca dos caminhos de sua realização volta-se contra ele, passando a aliená-lo.

Ora, a visão freireana de educação leva a uma relação dialógica entre educadores e educandos, com o objetivo de problematizar a realidade atual e promover a assimilação crítica de ideias, imagem e atitudes que possibilitem a aproximação da nova sociedade, concebida como uma utopia social viável.

Paulo Freire, ao ler o texto dessa conferência, manifestou que como "político da educação" eu estava desdobrando o seu pensamento. O ponto central desse desdobramento é o reconhecimento de que a educação "democrática" supõe a proposição de novos valores ético-sociais, viabilizadores da utopia de um novo pacto social, o qual possa ser assumido e não apenas "aceito" pelos "oprimidos" — sujeitos, destinatários e beneficiários da pedagogia freireana.

Mas a obra central de Freire, aquela que mais concorreu para o reconhecimento universal de seu pensamento pedagógico, foi, como se sabe, a *Pedagogia do oprimido*. Nela, ele lembra que "a grande tarefa humanista e histórica dos oprimidos" é a de "libertar-se a si e aos opressores".[125]

125. P. Freire, *Pedagogia do oprimido*. 26ª ed., Rio de Janeiro: Paz e Terra, p. 30.

Com esse pensamento, Paulo Freire não se detém no "revanchismo" dos oprimidos, embora o considere "explicável", lembrando que "uma dimensão revanchista ... não significa que a revolução deva esgotar-se nela". Ou seja, ao "revanchismo" isolado, ele opõe um humanismo realista e revolucionário. Realmente, fica claro que sua opção radical pela conscientização e libertação do oprimido não exclui sua opção — expressa na observação anteriormente citada — por um novo humanismo que, ao libertar o oprimido, cria também a condição básica para a libertação dos opressores. E considerava esta "a grande tarefa humanista e histórica dos oprimidos".[126]

Realmente, em face do tema "humanização e suas implicações", Freire desenvolve uma visão humanista da educação, prevenindo contra "as ilusões idealistas" e lembrando que "desumanização e humanização não podem ocorrer a não ser na história mesma dos homens, dentro das estruturas sociais que os homens criam e a que se acham condicionados". E acrescenta que ambas (desumanização e humanização) implicam a "ação dos homens sobre a realidade social — a primeira para a preservação do '*status quo*'; a segunda para a radical transformação do mundo opressor".[127]

A essa reflexão segue-se outra para lembrar que "a libertação não se dá dentro da consciência dos homens, isolada do mundo, senão na práxis dos homens dentro da história". A isso se segue uma advertência ao "educador que

126. *Ibidem.*
127. *Ibidem.*

fez a opção *humanista*" quanto à necessidade "de perceber corretamente as relações dialéticas consciência-mundo ou homem-mundo".[128]

Com base nas observações anteriormente apresentadas, parece lícito ligar expressões usadas pelo próprio Paulo Freire para concluir que seu pensamento envolvendo teoria e prática de uma ação cultural voltada para "a educação como tarefa humanizante" pode ser catalogado como "humanismo radical".[129]

---

128. Todas as citações deste parágrafo estão em *Ação cultural para a liberdade, op. cit.*, p. 98-9.
129. *Ibidem*, p. 98-9.

25

Uma pedagogia da possibilidade: reflexões sobre a política educacional de Paulo Freire[130] *In memoriam* Paulo Freire

Peter McLaren

O que tenho proposto com base em minhas convicções políticas, minhas convicções filosóficas, é um profundo respeito pela autonomia total do(a) educador(a). O que tenho proposto é um profundo respeito pela identidade cultural dos(as) educandos(as) — uma identidade cultural que implica respeito pela linguagem do outro, a cor do outro, o sexo do outro, a classe social do outro, a orientação sexual do outro, a capacidade intelectual do outro; que implica a capacidade de estimular a capacidade do outro. Contudo, estas coisas acontecem num contexto social e histórico, e não soltas no espaço. Estas coisas acontecem na história e eu, Paulo Freire, não sou dono da história.[131]

---

130. Este artigo é parte integrante de um texto apresentado na Convenção Anual da Associação Norte-Americana de Pesquisa na Área Educacional, San Diego, abril de 1998.

131. P. Freire, A response. In: P. Freire *et al.* (org.), *Mentoring the mentor:* A critical dialogue with Paulo Freire. Nova York: Peter Lang Publishers, 1997. p. 303-29 (p. 307-8).

Paulo Freire foi um dos primeiros pensadores educacionais de renome internacional que apreciaram, de forma totalizante, a relação entre educação, política, imperialismo e libertação. Considerado por todos o filósofo precursor da pedagogia crítica, ele foi capaz de reformular efetivamente a pedagogia de forma global, em direção a uma política radical de luta histórica, uma orientação que estendeu a ponto de transformá-la em um projeto de toda uma vida.

Muito antes de falecer, em 2 de maio de 1997, Freire atingira uma dimensão mítica entre educadores(as) progressistas, assistentes sociais e teólogos, como também entre estudiosos(as) e pesquisadores(as) de diversas tradições disciplinares, por fomentar interesse nas formas pelas quais a educação pode servir de veículo para a transformação econômica e social. O que atualmente se chama de "política de libertação" é um assunto de fundamental importância entre os ativistas educacionais em todo o mundo, e para o qual Freire fez contribuições importantes e pioneiras.

A filosofia da pedagogia de Freire: uma opção preferencial pelos pobres

A história de Paulo Freire nos revela, com veemência, as impressões de uma vida vivida às margens do poder e do prestígio. Pelo fato de seu trabalho ter girado em torno da questão da mudança social e política, ele tem sempre sido considerado controverso, especialmente por instituições de ensino na Europa e América do Norte. Embora seja reconhecido como um dos mais importantes filósofos da libertação e um pioneiro no campo da alfabetização e da pedagogia críticas, sua obra continua a ser abraçada, via de regra, por educadores(as) que atuam fora do principal "circuito" educacional.

Não resta a menor dúvida de que a condição marginal dos(as) seguidores(as) de Freire se deve ao fato de que ele estava convicto em sua crença de que a transformação da educação deve ser acompanhada por mudanças significativas na estrutura social e política em que a educação é praticada. Trata-se de uma postura que a maioria dos educadores/das educadoras julgariam politicamente insustentável e desesperançosamente utópica. Certamente, é uma postura que constitui ameaça aos interesses dos que já se encontram bem assistidos pela cultura dominante.

Freire acreditava que a produção ininterrupta do mundo social, mediatizada pelo diálogo, ocorre em interação dialética com as características estruturais da sociedade, tais como suas relações sociais de produção, formações culturais e alinhamentos institucionais. No processo de alfabetização — processo ao qual ele se referia como "práxis" — o significado circula, é trabalhado e revisto, resultando em interpretação política, construção de sentidos e formação da vontade. O resultado de tal intersubjetividade mediatizada pela práxis jamais pode ser totalmente predeterminado.

Como crítico feroz do neoliberalismo, Paulo Freire percebeu que uma grande tensão ideológica residia na capacidade de as pessoas assimilarem um conceito de política que fosse além de uma identidade consumista engendrada com base na panóplia da lógica de mercado.

Além disso, a convivência social e os discursos da vida diária não podem ser definidos, *a priori*, como formas excludentes da esfera política.

O contato pessoal de Freire com camponeses brasileiros, quando jovem, contribuiu de forma decisiva para sua simpatia às rebeldias populares contra a exploração econômica na América Latina, África e em outras partes do mundo. Dadas as contradições básicas subjacentes a uma ordem social involucrada na exploração da vasta maioria da sociedade brasileira, a tarefa ou missão de Freire concentrou-se na transformação das relações de produção de riqueza social (juntamente com os aspectos ideológicos e políticos a elas vinculados). Todavia, essa tentativa de estabelecer uma nova ordem social, respaldada por um sistema justo de apropriação e distribuição de riqueza social, acabaria relegando-o à condição dos(as) educadores(as) considerados(as) subversivos(as) pelo Estado.

Para Freire, os próprios procedimentos do processo de alfabetização e o ato de "vir a conhecer" devem ser transformados de modo que atribuam posição de destaque às questões de justiça social e da luta pela emancipação. Ensinou-nos que, para que os oprimidos materializem suas próprias atividades em força revolucionária, precisam desenvolver uma consciência coletiva de sua própria condição ou formação como classe subalterna, bem como um *ethos* de solidariedade e independência. Na visão freireana, a pedagogia da alfabetização crítica torna-se o principal veículo para o desenvolvimento de uma "consciência crítica" entre os pobres, levando a um processo de exploração de significados e esforço criativo que combina um profundo significado social a um objetivo comum. A alfabetização torna-se, para ele, esse "processo" comum de participação, aberto a todos. O problema da "consciência crítica" não pode ser levantado se abstraído dos contextos históricos significativos, nos quais os conhecimentos são produzidos, engajados e apropriados.

Paulo Freire lamentava a dura realidade que se impunha aos oprimidos e às oprimidas, que viviam como apêndices dissociáveis dos sonhos e desejos de outras pessoas. Acreditava que os sonhos dos menos favorecidos e favorecidas eram invariavelmente sonhados por outros, deles distanciados; que eram retirados das lutas cotidianas da classe trabalhadora e se mostravam incapazes de reconhecer os sonhos que ardiam nos recônditos de seus corações, ou então ficavam simplesmente relutantes em fazê-lo. Com base no reconhecimento dos fundamentos das tradições populares e da importância da construção coletiva do conhecimento, o projeto pedagógico de Paulo Freire deu origem a um vocabulário novo e dinâmico, o qual demonstrava interesse pelos oprimidos e oprimidas e se desdobrava em uma nova e poderosa terminologia política, capacitando-os a analisarem sua própria condição na engrenagem da hierarquia calcada em privilégios da sociedade capitalista e a se engajarem em tentativas de deslocamento dos ciclos de reprodução social existentes.

Os programas de alfabetização desenvolvidos por Freire e seus colegas para camponeses completamente destituídos de poder são atualmente adotados em todo o mundo. Ao estabelecer relações entre as categorias de história, política, economia e classe em conceitos de cultura e poder, Paulo

Freire logrou desenvolver tanto uma linguagem de crítica como de esperança, que opera conjunta e dialeticamente, cujo êxito na tarefa de ajudar gerações de pessoas privadas de quaisquer direitos sociais e políticos a se libertarem já foi comprovado.

Freire reconheceu que não há como representar a consciência do oprimido e da oprimida fora das premissas da cultura e da sociedade nas quais o(a) professor(a) ou os agentes culturais estejam inseridos.[132] Muito antes de os pós-modernistas nos apresentarem sua versão de "política de identidade", ele compreendeu que as subjetividades dos oprimidos devem ser consideradas pertinentes, heterogênea e ideologicamente falando, não podendo ser representadas extratextualmente, isto é, fora do âmbito discursivo dos próprios valores fundamentais do(a) educador(a) e de seus pressupostos epistemológicos.[133]

Freire entendeu que à medida que os oprimidos e as oprimidas assumem um maior controle de sua própria história, eles estão se inserindo mais rapidamente na sociedade, só que de acordo com seus próprios termos e não mais pelos ditados pela sociedade. Ele merece a reputação de que goza como educador crítico, por ter sido capaz de

---

132. P. Freire, *Education for critical consciousness*. Nova York: Seabury Press, 1973; *idem*, *Pedagogy in process*. The letters to Guinea-Bissau. Nova York: Seabury Press, 1978; *idem*, *The politics of education:* Culture, power, and liberation. South Hadley, MA: Bergin & Garvey, 1985; *idem*, *Pedagogy of the city*. Nova York: Continuum, 1993; *idem*, *Pedagogy of the heart*. Nova York: Continuum, 1998; P. Freire; D. Macedo, *Literacy*. Reading the Word and the world. South Hadley, MA: Bergin & Garvey, 1987.

133. P. McLaren, P. Leonard (Org.), *Paulo Freire:* A critical encounter. Nova York; Londres: Routledge, 1993.

antever os meios pelos quais o pedagógico (o encontro pedagógico que acontece entre professor/a e aluno/a) encontra-se imbricado no político (as relações sociais de produção na economia capitalista global). Enquanto os (as) educadores(as) tradicionais muitas vezes dissociam o contexto social do eu cauterizando, assim, o movimento dialético existente entre eles, Freire destaca a relação dialética entre o sujeito e o objeto, o eu e o social, a mediação humana e a estrutura social.

Os(as) educadores(as) que atuam no âmbito de uma pedagogia crítica inspirada por Freire devem mais ao autor por suas ideias e impressões filosóficas do que por seus comentários sobre metodologias de ensino.[134] O vocabulário próprio de Freire, com seus conceitos filosóficos, permite que o mundo dos oprimidos e das oprimidas se torne visível, para inscrever-se como um texto a ser compreendido e constituir objeto de engajamento tanto por parte dos oprimidos(as) como dos(as) não oprimidos(as). Seu trabalho não reduz o mundo a um texto: em vez disso, estipula as condições para a possibilidade da existência de vários discursos concorrentes e conflitantes entre si, ou formas de construir significados com base em experiências vivenciadas. Freire questiona a catacrese de valor ao chamar a atenção para que os(as) educadores(as) se esforcem para identificar as aporias em suas próprias filosofias de ensino e na vida cotidiana.[135]

134. P. Taylor, *The texts of Paulo Freire*. Buckingham e Filadélfia: Open University Press, 1993.

135. P. Freire, *Pedagogy of the heart, idem, Pedagogy of freedom:* Ethics, democracy, and civic courage. Boulder, CO: Rowman and Littlefield Publishers, Inc., 1998.

Em todos os ensinamentos de Paulo Freire, o conceito de verdade torna-se viciosamente nebuloso, pois a verdade passa a ser vinculada ao posicionamento e à inserção de um determinado indivíduo nas narrativas predominantes *sobre* a verdade. Obviamente, nesse sentido, a própria obra de Freire pode ser usada contra si e ser interpretada como um epifenômeno das narrativas que produzem os efeitos textuais de sua própria obra. Com efeito, Freire muito certamente teria estimulado seus/suas leitores(as) a dissecar e tecer críticas sobre a ideologia de seu próprio trabalho, da mesma maneira que os incentivaria a submeter outros textos à prova.

A influência de Freire na pedagogia crítica norte-americana

Ao descobrir que a pedagogia existia, de modo geral, sob condições patológicas, Freire procurou avançar em novas abordagens de ensino e aprendizado, evitando, com cautela, as variantes "bancárias" que dissociavam a mente do corpo, o pensamento da ação e a crítica social da práxis transformadora. Frequentemente acompanhada pelas abordagens ao ensino e aprendizagem conforme Dewey,[136] bem como por aqueles que como Habermas[137] destacam a competência comunicativa e formas não distorcidas de

136. J. Dewey, *Democracy and education*. Nova York: Macmillan Company, 1916.
137. J. Habermas, T. McCarthy (Trad.), *Communication and the evolution of society*. Boston, MA: Beacon Press, 1979; *idem*, Lifeworld and system: A critique of functionalist reason. *The theory of communicative action*. Boston, MA: Beacon Press, 1987, v.2.

comunicação, a pedagogia crítica constitui um conjunto de práticas que revelam as formas pelas quais o processo de escolarização reprime a contingência de sua própria seleção de valores e os meios pelos quais as metas educacionais são subordinadas a macroestruturas de poder e privilégio.

Para Freire, a pedagogia diz respeito tanto ao coração como à mente, ambos "ensináveis", tendo tanto a ver com os esforços voltados a mudar o mundo quanto com o repensar das categorias de que nos valemos para analisar nossa condição atual no âmbito da história. Nesse sentido, ele levou o debate acerca da pedagogia para além dos círculos comuns, já bem agastados. Em essência, a obra freireana fala sobre a esperança. Em suas próprias palavras: "A esperança é um ímpeto natural, possível e necessário no contexto de nossa inconclusão... sem ela, ao invés de história, teríamos puro determinismo."[138]

Não há controvérsias quanto ao fato de que a obra de Freire tem sido a força motriz por trás dos esforços norte-americanos para desenvolver a pedagogia crítica, a qual consiste em uma forma de refletir, negociar e transformar a relação entre ensino em sala de aula, produção de conhecimento, estruturas institucionais da escola e as relações sociais e materiais presentes na macrocomunidade, sociedade e Estado-Nação.[139] Desenvolvida por professores(as)

138. P. Freire, *Pedagogy of freedom*, p. 69.

139. P. McLaren, *Life in schools:* An introduction to critical pedagogy in the social foundations of education. White Plains, Nova York: Longman, Inc., 1993; *idem*, La lucha continua: Freire, Boal and the challenge of history. To my brothers and sisters in struggle. *Researcher,* v. 1, n. 2, p. 5-10, 1997; P. McLaren, C. Lankshear (org.), *Politics of liberation:* Paths from Freire. Nova York, Londres: Routledge, 1994.

progressistas que procuram eliminar as desigualdades com base nas classes sociais, essa pedagogia também deu origem a uma ampla gama de grades curriculares desenvolvidas em sala de aula e a projetos políticos contrários ao preconceito sexual, ao racismo e à aversão ao homossexualismo.

Pedagogias críticas de inspiração freireana na América do Norte foram elaboradas com base em uma série de novos desdobramentos teóricos, como as filosofias latino-americanas da libertação,[140] a alfabetização crítica,[141] a sociologia do conhecimento,[142] a escola de teoria crítica de Frankfurt,[143] a educação para adultos,[144] a teoria feminista,[145] a educação

---

140. P. McLaren, *Life in schools.*

141. D. Macedo, *Literacies of power.* Boulder, CO: Westview Press, 1994; C. Lankshear, P. McLaren (org.), Introduction. In: *idem*, (Ed.) *Critical literacy,* Politics, praxis, and the postmodern. Albany, Nova York: State University of New York Press, 1993, p. 1-56.

142. H. Giroux, P. McLaren (ed.), *Critical pedagogy, the state, and cultural struggle.* Albany, Nova York: State University of Nova York Press, 1989; P. McLaren, *Critical pedagogy and predatory culture.* Nova York, Londres: Routledge, 1995; M. Fine, *Framing dropouts.* Albany, Nova York: State University of Nova York Press, 1973.

143. H. A. Giroux, *Theory and resistance in education:* A pedagogy for the opposition. South Hadley, MA: Bergin & Garvey, 1983; P. McLaren, J. Giarelli (Org.), *Critical theory and educational research.* Albany, Nova York: State University of New York Press, 1995.

144. B. Hall, Please don't bother the canaries: Paulo Freire and the International Council for Adult Education. *Convergence,* v.xxxi, n. 1-2, p. 95-103, 1998.

145. K. Weiler, *Women teaching for change:* Gender, class and power. South Hadley, MA: Bergin and Garvey Publishers, 1988; J. Gore, *The struggle for pedagogies:* Critical and feminist discourses as regimes of truth. Nova York: Routledge, 1993; P. Lather, *Getting smart*: Feminist research and pedagogy within the postmodern. Nova York, Londres: Routledge, 1991; E. Ellsworth, Why doesn't this feel empowering? Working through the repressive myths *of* critical pedagogy. *Harvard Education Review,* v. 59, n. 5, p. 297-324, 1989.

bilíngue e bicultural,[146] a educação para professores (segundo McLaren) e a crítica cultural neomarxista.[147] Mais recentemente, tal pedagogia tem sido adotada por educadores(as) influenciados(as) por debates acerca do pós-modernismo e do pós-estruturalismo,[148] por estudos culturais[149] e pelo multiculturalismo.[150]

---

146. M. Moraes, *Bilingual education:* A dialogue with the Bakhtin circle. Albany, Nova York: State University of New York Press, 1996; A. Darder, *Culture and power in the classroom:* A critical foundation for bicultural education. Westport, CT: Bergin and Garvey, 1991; J. Wink, *Critical pedagogy.* Notes from the real world. White Plains, Nova York: Longman Publishers, 1997; J. Cummins, *Empowering minority students.* Sacramento, CA: California Association for Bilingual Education, 1989.

147. P. McLaren, Freire an pedagogy: The challenge of postmodern and the politics of race. In: P. Freire *et al.* (ed.) *Mentoring the Mentor.* Nova York: Peter Lang Publishers, 1997, p. 99-125.

148. J. Kincheloe, *Toward a critical politics of teacher thinking:* Mapping the postmodern. South Hadley, MA: Bergin and Garvey Publishers, 1993; B. Kanpol, *Towards a theory and practice of teacher cultural politics:* Continuing the postmodern debate. Norwood, NJ: Ablex Publications, 1992; S. Aronowitz, H. Giroux, A *Postmodern education.* Minneapolis, MN: University of Minnesota Press, 1991.

149. H. Giroux, P. McLaren (ed.), *Between borders:* Pedagogy and the politics of cultural studies. Nova York, Londres: Routledge, 1994; H. A. Giroux, *et al. Counternarratives:* Cultural studies and critical pedagogies in postmodern spaces. London, Nova York: Routledge, 1996;

150. C. Sleeter, P. McLaren (org.), *Multicultural education, critical pedagogy, and the politics of difference.* Albany, Nova York: State University of New York Press, 1995; P. McLaren, *Revolutionary multiculturalism:* pedagogies of dissent for the new millenium. Boulder, CO: Westview Press, 1997; J. Kincheloe, S. Steinberg, S. Changing Multiculturalism. Buckingham, Philadelphia: Open University Press, 1997; C. Sleeter, C. Grant, *Making choices for multicultural education:* Five approaches to race, class and gender. Columbus, OH: Merrill Publishing, 1998; P. Leistyna, *Presence of mind:* Education and the politics of deception. Boulder, CO: Westview Press, 1999; C. McCarthy, Rethinking liberal and radical perspectives on racial inequality in schooling: Making the case for nonsynchrony. *Harvard Education Review,* v. 58, n. 3, p. 265-79, 1988.

Na concepção de Freire, as escolas são locais onde podem ser criados espaços de interação sem qualquer tipo de coerção, por serem parte da sociedade civil. Contudo, mesmo com esse leque altamente divergente de influências, em relação ao cotidiano na sala de aula, a pedagogia freireana muitas vezes é percebida de forma errônea como sinônimo de instruções completas de linguagem, como programas de alfabetização para adultos e novas abordagens "construtivistas" ao ensino e aprendizagem, baseadas nos trabalhos de Vygotsky. Nem todos esses programas são necessariamente freireanos, mas precisam ser julgados em relação à especificidade cultural de sua própria filosofia, sua práxis e seu *ethos*, como resposta crítica no tocante à formação de uma ordem social mais justa e humana.

Lankshear & McLaren[151] fizeram uma síntese de seis princípios de aprendizagem com base no trabalho de Freire, que têm por objetivo fornecer aos professores e às professoras alguns principais pontos de referência para o desenvolvimento de suas práticas pedagógicas:

1. O mundo deve ser abordado como um objeto a ser compreendido e conhecido por meio dos esforços dos(as) próprios(as) educandos(as). Além disso, seus atos cognoscentes devem ser estimulados e fundamentados em suas próprias existências, experiências, necessidades, circunstâncias e destinos.
2. O mundo histórico e cultural deve ser abordado como uma realidade criada e passível de transformação que, a

151. C. Lankshear, P. McLaren, Introdution. In: *Idem*, *Critical Literary*, p. 43-4.

exemplo dos seres humanos, passa por um processo constante de reformulação e construção pelo esforço humano, de acordo com representações ideológicas da realidade.

3. Os(as) educandos(as) precisam aprender como estabelecer conexões, de forma ativa, entre suas próprias existências, as situações vivenciadas e a formação da realidade que vem ocorrendo até a presente data.

4. Eles devem considerar a possibilidade de "novas formas" de realidade, as novas possibilidades de *ser* que emergem dessas novas formas em processo de elaboração, e devem se comprometer com a tarefa de moldar uma nova história capacitadora e regenerativa. As novas maneiras de fazer a realidade constituem tarefa social, coletiva e compartilhada, na qual precisam ser ouvidas as vozes de todos os participantes.

5. Na fase de alfabetização, os(as) educandos(as) começam a observar a importância da escrita para a execução desse projeto compartilhado. Ao adquirir a competência da escrita nesse processo de trazer suas experiências e significados para o mundo em construção e reconstrução ativa (de relações e práticas vivenciadas), os alunos irão, efetivamente, experimentar sua própria potencialidade no próprio ato de compreensão do que significa ser um sujeito humano. Na fase de pós-alfabetização, a base de ação é a exploração de temas geradores assistidos pela palavra escrita. A abordagem do tema da "cultura ocidental", conforme concebido por pessoas como Hirsch e reificado em grades curriculares e pedagogias amplamente adotadas, bem como a busca por transcender esta concepção, envolve justamente o tipo de práxis pretendida por Freire.

6. Os(as) educandos(as) precisam começar a compreender de que forma os mitos presentes nos discursos dominantes são precisamente os mitos que os oprimem e os marginalizam — mas que podem ser transcendidos por meio da ação transformadora.

Enquanto os críticos desaprovam a abordagem educacional de Freire por sua visão idealista de transformação social, seus defensores, até mesmo o próprio Freire, têm se queixado de que a pedagogia crítica vem sendo muitas vezes domesticada e reduzida a abordagens de aprendizado dirigidas aos alunos e às alunas, desprovida de crítica social. Já considerada pelos melindrosos guardiões do sonho americano um opróbrio, a pedagogia crítica passou a ser tão completamente psicologizada, tão liberalmente humanizada, tão tecnologizada e tão pós-modernizada do ponto de vista conceitual que sua relação atual com lutas mais amplas pela libertação, com ênfase por parte de Freire na luta de classes revolucionária, parece estar seriamente atenuada, senão fatalmente emudecida.

Em virtude de Paulo Freire acreditar que o desafio de transformação das escolas deveria estar direcionado à superação da injustiça socioeconômica, atrelada às estruturas político-econômicas da sociedade, qualquer tentativa de reforma na rede escolar que seja supostamente inspirada por ele, mas que se preocupa exclusivamente com modelos sociais de representação, interpretação e comunicação, não estabelecendo qualquer relação entre esses modelos e as medidas e estruturas de redistribuição que os reforçam, deixa de fora as ideias mais importantes de sua obra.

A abordagem de Freire estabelece uma compreensão bastante incisiva dos modelos de distribuição e redistribuição com o propósito de transformar — e não apenas interpretar — as estruturas econômicas a eles subjacentes que geram relações de exploração.

Freire também se preocupa com a prática de uma política de diversidade e autoafirmação — não só com uma prática que simplesmente termina em si mesma, mas que dissesse respeito a uma política mais ampla de libertação e justiça social. Portanto, uma pedagogia para libertação no estilo de Freire é totalizante, sem que para tanto se imponha como dominante, visto que sempre consigna um tratamento dialético ao "ato cognoscente" específico ou local, como um processo político que ocorre na arena conflituosa das relações capitalistas de exploração, uma arena em que grandes grupos de pessoas são submetidos, palpável e inegavelmente, à privações e sofrimentos desnecessários em decorrência da alienação e da pobreza.

Uma "pedagogia do oprimido" envolve, então, não apenas uma redistribuição de recursos materiais, mas também uma luta por significados culturais em relação às múltiplas posições sociais de alunos/alunas e professores/professoras, bem como à sua situação na esfera da divisão global do trabalho.

Será que o nome de Freire transformou-se em um significante mutável a ser atribuído inadvertidamente a qualquer referente, em meio ao terreno multifacetado da educação progressiva? Até certo ponto, isso já é fato. Os progressistas liberais têm as atenções voltadas para o seu humanismo; os marxistas e neomarxistas atêm-se à sua práxis revolucionária e à sua história de trabalho com regimes políticos revolucionários; os liberais de esquerda identificam-se com sua utopia crítica; e mesmo os conservadores, não sem alguma relutância, respeitam sua posição em defesa da ética. Não há dúvida de que sua obra será domesticada por seus seguidores — na medida em que determinados aspectos do *corpus* desta obra são apropriados sem o devido tratamento crítico e são descontextualizados do projeto político maior do autor, que consiste em lutar pela realização de uma democracia genuinamente socialista — no intuito de fazer que se encaixe da melhor forma em vários programas políticos conflitantes. Desse modo, é importante ler Freire no contexto de todo o *corpus* de suas obras, desde *Pedagogia do oprimido*[152] até sua reflexão recentemente publicada sobre o referido trabalho, *Pedagogia da esperança*[153] e, ainda, *Pedagogia da autonomia*.[154]

A pedagogia freireana: suas limitações

Todos aqueles que têm uma participação importante no significado da vida e da obra de Paulo Freire continuarão a discordar quanto às formas pelas quais sua política e sua pedagogia devem ser interpretadas. A generalidade afirmativa de suas formulações e declarações acerca da

---

152. P. Freire, *Pedagogy of the oppressed*. Nova York: Continuum, 1993.
153. *Idem*, *Pedagogy of hope:* Reliving pedagogy of the oppressed. Nova York: Continuum, 1994.
154. *Idem*, *Pedagogy of freedom*.

pedagogia podem ser altamente frustrantes, tendo em vista que assinalam preocupações importantes, mas não fornecem o embasamento teórico necessário à propositura de alternativas mais progressivas e programáticas para as teorias e perspectivas que ele critica. Por exemplo, pouco se fala a respeito de como os professores e professoras podem passar da reflexão crítica à prática crítica.

No entanto, os pontos fracos em Freire também constituem fonte de sua força e caracterizam a durabilidade de seu pensamento. É precisamente sua recusa à verbalização de soluções alternativas que permite que seu trabalho seja "reinventado" nos contextos em que os leitores se encontram, admitindo, portanto, uma "tradução" específica de acordo com o contexto, cruzando fronteiras geográficas, geopolíticas e culturais. Além disso, confere ao *corpus* de suas obras um caráter universal, na medida em que permite que esses trabalhos conservem sua força heurística (tanto quanto ocorre com os escritos de Marx), de tal forma que podem ser empregados por educadores(as) para tecer críticas e fazer contestações a práticas pedagógicas adotadas em todo o mundo.

De fato, Freire insiste que seus(suas) leitores(as) o reinventem no contexto de suas lutas locais. O que poderia ser mantido em todas as circunstâncias desse processo de reinvenção é a ética de solidariedade constante e ininterrupta professada por ele, além de uma utopia sem culpas ou arrependimentos. Afirma que "o educador(a) progressista deve estar sempre caminhando com suas próprias pernas, continuamente reinventando a mim e reinventando o que se entende por democrático em seu contexto cultural e histórico específico".[155]

Alguns atribuíram à obra de Paulo Freire o conceito arquimediano da visão utópico-idealista da sociedade. Contudo, esse tipo de crítica corre o risco de ignorar a utilidade prática de sua pedagogia, especialmente ao se levar em conta o sucesso das campanhas de alfabetização com base em seu trabalho.

Freire atém-se à presença oculta das sementes da redenção em meio a um mundo que vem seguindo em direção à loucura. Além disso, sua política de libertação resiste subsumir em um conjunto codificado de princípios universais; em vez disso, ela anima um grupo de imperativos éticos que, juntos, servem como uma precipitação de nossa resposta ao chamado do outro, que está sofrendo com o coração pesaroso e o estômago vazio. Tais imperativos não determinam uma fé utópica ingênua no futuro; pressagiam uma forma de esperança ativa, irreverente, que não faz concessões em relação às possibilidades do presente.

O legado do racismo deixado pelo opressor europeu radicado no Novo Mundo — em que os negros e os latinos não passam de uma espécie de invertebrados inferiores — foi duramente condenado, mas nunca submetido a uma análise sistemática por Freire. E embora ele tenha sido um crítico feroz do racismo e do preconceito sexual, não problematizou de modo suficiente, conforme observa Kathleen Weiler,[156] sua conceituação de libertação e tam-

---

155. P. Freire, *Pedagogy of freedom*, p. 308.

156. K. Weiler, Myths of Paulo Freire. *Educational Theory*, v. 49, n. 3, p. 353-71, 1996.

bém de opressão, no que se refere à sua própria experiência como indivíduo do sexo masculino.

Da perspectiva da pedagogia crítica norte-americana, a política de libertação de Freire participa de sua própria inércia política resultante da gama limitada de narrativas, com base nas quais constrói sua práxis de esperança e transformação. Por exemplo, Paulo Freire deixou de articular completamente sua posição sobre o Cristianismo[157] e a tendência masculina em seu método de alfabetização.[158] Raramente abordou as formas pelas quais a opressão está entremeada nas bases da etnia, classe e orientação sexual.

Como ressaltam diversos críticos norte-americanos, Freire deixou de tratar, na íntegra, da questão dos privilégios do homem branco[159] ou do interesse e da mediação dos afro-americanos desvinculados de um movimento mais amplo de práticas emancipacionistas.[160] Quando ele efetivamente enfocou esta questão, muitas vezes retirou-se para o campo de abstrações místicas, o que subtraiu o significado mais profundo do patriarcado como prática de opressão.[161]

---

157. J. Elias, *Paulo Freire:* Pedagogue of revolution. Melbourne, FL: Krieger Publishing Company, 1994.

158. P. Taylor, *The texts of Paulo Freire.*

159. G. Ladson-Billings, I know why this doesn't feel empowering: A critical race analysis of critical pedagogy. In: P. Freire, *et al.* (Ed.), *Mentoring the mentor.* Nova York: Peter Lang Publishers, 1997, p. 127-41.

160. P. Murrel Jr. (1997), Digging again the family wells: A Freirean literacy framework as emancipatory pedagogy for African-American children. In: P. Freire, *et al.* (Ed.), *Mentoring the mentor.* Nova York: Peter Lang Publishers, 1997, p. 19-58.

161. K. Weiler, Myths of Paulo Freire. *Educational Theory.*

Não obstante, de forma alguma essas lacunas diminuem a genialidade, a coragem e a compaixão da obra freireana.

A modalidade de visão teórica proposta por Freire é decididamente modernista, porém, conforme argumentei em outra ocasião,[162] certas armadilhas dos discursos pós-modernistas são imanentes — no entanto, quase não registradas — na sua articulação peripatética de mediação humana. A teoria social identificada como "pós-moderna" corre sério risco de ignorar a realidade nua e crua de que trabalhadores/trabalhadoras em todo o mundo compartilham de uma sujeição comum à exploração capitalista. As realidades brutais da economia global são frequentemente diluídas nas teorias sociais pós-modernas. Por outro lado, pedagogias da libertação, como a desenvolvida por Freire, endossadas por discursos marxistas modernos, muitas vezes ignoram gravemente questões de raça, sexo e orientação sexual. Freire demonstrou-se ciente de tais omissões[163] e começou a abordá-las com apaixonada convicção em seu mais recente trabalho.

Não obstante o fato de que desconstrucionistas como Stuart Parker[164] terem demonstrado que boa parte do trabalho da tradição educacional crítica, exemplificada pela obra freireana, acaba se situando nas premissas moder-

---

162. P. McLaren, *Revolutionary multiculturalism.*

163. P. Freire, *Pedagogy of the heart*; *Idem*, *Pedagogy of freedom*; P. Freire, *et al.* (trad.) *Teachers as cultural workers:* Letters to those who dare to teach. D. Boulder, CO: Westview Press, 1997.

164. S. Parker, *Reflective teaching in the postmodern world*: A manifesto for education in postmodernity. Buckingham, Filadelfia: Open University Press, 1997.

nistas de autonomia do(a) professor(a) — as quais servem essencialmente como "recursos de encantamento" que podem ser desconstruídos como ficções discursivas —, a obra de Freire ocupa um papel de vital importância. Sua contribuição mantém-se como referencial não apenas por sua metodologia de alfabetização, mas, em última análise, por sua capacidade de criar uma pedagogia de consciência prática que pressagia a ação crítica.[165]

A principal conquista de Paulo Freire continua sendo a de seu papel como o "Peregrino do Óbvio", um termo que ele empregava com frequência para descrever seu papel pedagógico. Certamente que as limitações de sua obra representam mais do que "poeira" retórica de importância menor, porém, como é reconhecido por seus próprios críticos, elas nem de longe comprometem a importância central de Freire como um dos maiores pensadores educacionais do mundo, um filósofo à altura dos(as) mais influentes educadores(as) deste século ou de qualquer outro.

O testemunho a desequilíbrios duradouros de poder em nível global — o problema mundial da supercapacidade, a destruição aleatória levada a cabo por mercados desprovidos de regulamentações na esteira do novo capitalismo de segunda mão, a imposição de valores cambiais sobre todos os produtos de valor, a criação de uma cultura uniforme de puro consumo, a *Wal-Martização* da cultura global, o vampirismo das sanguessugas capitalistas sugando o sangue das veias abertas da América do Sul, os políticos

165. P. Taylor, *The texts of Paulo Freire.*

oportunistas, os ataques desferidos contra culturas de diásporas e as novas ondas xenófobas — acabaram gerando uma grave inércia política nas fileiras da esquerda norte-americana, de modo geral, e na esquerda educacional do país, de maneira específica.

A lógica da privatização e do livre comércio — em que a mão de obra social representa uma medida de valor e os excedentes de mão de obra constituem a essência do lucro — atualmente constitui o tecido de nossa vida em todo o mundo. A lógica do capitalismo transnacional tem fornecido as diretrizes das políticas e práticas educacionais de modo tão flagrante e a tal ponto que a educação vem sendo reduzida a um subsetor da economia.

Na medida em que o futuro da educação encontra-se intimamente relacionado à capacidade de os professores tornarem-se criticamente mais autorreflexivos ao analisarem as formas pelas quais suas próprias vidas e as vidas de seus alunos e alunas vêm sendo inscritas por práticas discursivas cerceadoras e por relações sociais materiais — as quais sustentam elites poderosas, em detrimento da maior parte da população —, a obra de Freire torna-se indispensável à evolução progressiva do pensamento educacional. Naturalmente que o avanço contínuo da pedagogia crítica e da práxis freireana não pode ser dissociado da crise do já ultrapassado mundo burguês, cujo maior sintoma inclui a lógica consumista como ideal democrático estabilizante. Freire sempre foi um revolucionário e, como tal, nunca abandonou o sonho de uma transformação radical do mundo. Em suas próprias palavras:

> A minha rebeldia contra toda espécie de discriminação, da mais explícita e gritante à mais sub-reptícia e hipócrita, não menos ofensiva e imoral, me acompanha desde minha infância. Desde a mais tenra idade que reajo, quase instintivamente, contra toda palavra, todo gesto, todo sinal de discriminação racial. Como também de discriminação contra os pobres que, bem mais tarde, se definia contra a discriminação de classe.[166]

Enquanto os hagiógrafos de Paulo Freire se digladiam na arena educacional sobre o que exatamente representa o "verdadeiro" Freire e seu legado, sua obra continuará a se fazer sentir nas vidas dos que o conheceram e o amaram. De igual importância é o fato de que seu trabalho continuará influenciando gerações de educadores(as), estudiosos e ativistas em todo o mundo.

Freire reconheceu que a descolonização dizia respeito a um projeto que desconhecia um destino final, um término. É uma luta de toda uma vida, que requer percepção contraintuitiva, honestidade, compaixão e grande disposição para varrer da história pessoal o germe da "consciência ingênua" ou da compreensão que se coaduna ao senso comum.

Após assimilar o legado de lutas revolucionárias dos oprimidos e das oprimidas que nos foi transmitido por Freire, torna-se impossível conceber a prática pedagógica esvaziada de crítica social.

Freire legou-nos reservas bem sedimentadas de ideias e percepções referentes à pedagogia sobre as quais se podem

---

166. P. Freire, *Pedagogy of hope*, p. 144.

erguer futuras obras voltadas à educação progressista. Ainda há motivo para se ter esperança de projetos pedagógicos cooperativos por parte daqueles que defendem uma luta pedagógica freireana com base nas classes, uma pedagogia feminista ou uma pedagogia informada pela teoria e política homossexual, o que pode levar ao ressurgimento de um pensamento educacional da maior seriedade, no qual a categoria da libertação pode continuar a ter e fazer sentido.

A internacionalização do mercado e suas dimensões que ignoram fronteiras sugerem-nos claramente que, para deter os ataques contínuos do mercado sobre a subjetividade humana, os ativistas culturais devem se aliar além das fronteiras nacionais.

O poder do amor

O que distingue Freire da maioria dos(as) outros(as) educadores(as) de esquerda nestes tempos de razão cínica é a sua insistência, sem a mínima vergonha de fazê-lo, na importância do poder do amor. O amor, afirma, é a característica mais fundamental do diálogo e a força constitutiva que anima todas as pedagogias de libertação:

> Não há diálogo, porém, se não há um profundo amor ao mundo e aos homens/às mulheres. Não é possível a pronúncia do mundo, que é um ato de criação e re-criação, se não há amor que a infunda. Sendo fundamento do diálogo, o amor é, também, diálogo. Daí que seja essencialmente tarefa de sujeitos e que não possa verificar-se na relação de

> dominação. Nesta, o que há é patologia de amor: sadismo em quem domina; masoquismo nos dominados. Amor, não. Porque é um ato de coragem, nunca de medo, o amor é compromisso com os homens/as mulheres. Onde quer que estejam estes, oprimidos, o ato de amor está em comprometer-se com sua causa. A causa de sua libertação. Mas, este compromisso, porque é amoroso, é dialógico. Como ato de valentia, não pode ser piegas; como ato de liberdade, não pode ser pretexto para a manipulação, senão gerador de outros atos de liberdade. A não ser assim, não é amor. Somente com a supressão da situação opressora é possível restaurar o amor que nela estava proibido. Se não amo o mundo, se não amo a vida, se não amo os homens/as mulheres, não me é possível o diálogo.[167]

Para Freire, o amor sempre estabelece um projeto político, pois um amor pela humanidade que permaneça desvinculado da política representa um enorme desserviço ao seu objeto. Somente é possível amar em razão da presença de outros. Um amor que não liberta, alimenta-se de seu objeto como um verme de um cadáver. Seu narcisismo destrói o outro ao fazer que o outro se volte totalmente para ele; ele transforma o outro em matéria inerte, da qual se utiliza para fertilizar sua própria imagem. Aqui, o ato de amor torna-se ato de autoamor, pois o sujeito se torna seu próprio objeto, consumindo-se em uma orgia necrófila. Enquanto o amor autêntico abre o seu eu para o Outro, o amor narcisista culmina em uma espiral autodestrutiva ao negar o Outro, que permanece às portas da autocom-

167. P. Freire, *Pedagogy of the oppressed*, p. 70-1.

preensão. Apenas quando o Outro é encontrado atrás dessa porta que o eu pode encontrar seus olhos, ouvidos e voz autênticos, no ato de compreensão dialógica e recíproca.

O amor não só incorpora a luta como também a conduz para além de sua própria fonte. Em termos freireanos, o amor revolucionário sempre aponta na direção do comprometimento e da fidelidade a um projeto global de emancipação. Este comprometimento é sustentado ao se impedir que o niilismo e o desespero imponham sua própria inevitabilidade que diz não à vida no tocante à dissensão social e à turbulência cultural. Amparado nas narrativas de transgressão e dissonância, o amor torna-se o alicerce da esperança, não podendo jamais ser reduzido a declarações ou pronunciamentos pessoais, mas existindo sempre em relações assimétricas de ansiedade e solução, interdependência e singularidade.

O amor, nessa acepção freireana, torna-se o oxigênio da revolução, nutrindo o sangue da memória histórica, e é mediante o diálogo recíproco que ele pode servir como forma de testemunho àqueles que lutaram e sofreram antes de nós, e cujo espírito de luta resistiu aos esforços para exterminá-lo e retirá-lo dos anais das conquistas do homem/ da mulher. Recusando-se a abraçar a lira de Orfeu e tampouco a coroa de espinhos, a pedagogia de Freire enfrenta as forças implacáveis da dominação capitalista com um otimismo "agridoce". Freire compreendeu que, embora muitas vezes abandonemos a esperança, nunca somos por ela abandonados. Assim é porque a esperança estará para sempre gravada no coração humano, inspirando-nos a ir além dos limites carnais de nosso ser.

O agente freireano atua em silêncio, mas constantemente, nas margens da cultura e nos interstícios de setores públicos em processo de sucateamento, distante das arenas de poder onde se assistem a espetáculos públicos de acusações e caça às bruxas sobre o que há de errado em nossas escolas. Os(as) educadores(as) da linha de Paulo Freire não concebem seu trabalho como um antídoto aos males socioculturais da atualidade e ao grau cada vez menor de ambição acerca do comprometimento da sociedade contemporânea com a democracia. Seus esforços estão pacientemente voltados à criação de espaços contra-hegemônicos de luta política, a estruturas epistemológicas radicalmente alternativas e interpretações e práticas culturais contestatórias, bem como a domínios de defesa para grupos destituídos dos principais direitos políticos e sociais.

A pedagogia de Paulo Freire é de suma importância para se revisitar, construir e reinventar no âmbito da especificidade contextual do quadro sociopolítico dos dias de hoje, com suas traumatizantes desigualdades. Como Freire, precisamos devolver à libertação o lugar que verdadeiramente lhe cabe, como o projeto central da educação.

(KBG)

26

Por que Paulo é o principal pedagogo na atual sociedade da informação?

Ramón Flecha

É difícil que a literatura das ciências sociais faça referência a obras educativas. Isso acontece somente com raras exceções, sendo a mais patente delas a obra de Paulo Freire, com sua *Pedagogia do oprimido*. Qualquer um pode comprovar, por meio dos bancos de dados, como Freire é ao mesmo tempo o autor mais influente dentro da literatura educativa e também o pedagogo com maior número de referências nas ciências sociais em geral.

Entre as causas dessa grande exceção, destacamos duas: o giro dialógico das ciências sociais atuais orienta-se em direção às contribuições da obra freireana; a atual sociedade da informação necessita do compromisso proposto por Freire.

As ciências sociais atuais são dialógicas. Com a *Teoria da ação comunicativa*, iniciou-se uma orientação em direção a razoamentos comunicativos. Desde então, Habermas transformou-se no autor mais referenciado. Os demais cientistas sociais de importância internacional (Beck,

Giddens, Touraine) começaram a nortear os seus trabalhos para a mesma orientação comunicativa. Muitas pedagogas e pedagogos aplicam na educação a literatura das ciências sociais de quatro ou cinco décadas atrás. Por isso, muita literatura educativa continuou se orientando por concepções estruturalistas ou genealógicas opostas ao diálogo, prescindindo ou renegando as contribuições do pedagogo do diálogo.

Pouco a pouco, as contribuições comunicativas das novas ciências sociais estão, contudo, chegando à literatura educativa, e muitas educadoras e educadores se encontram com a "surpresa" de que os principais cientistas sociais atuais têm a mesma orientação dialógica que Paulo Freire. Surpreendem-se até por terem esquecido que na *Pedagogia do oprimido* Freire desenvolve uma teoria da ação dialógica mais de uma década antes da publicação da teoria da ação comunicativa, de Habermas.

Esse giro dialógico das ciências sociais está se desenvolvendo em sociedades que precisam do compromisso proposto pela *Pedagogia do oprimido*. Faz tempo que as sociedades industriais estão sendo substituídas por outras informações. Durante anos, o único modelo de sociedade da informação foi o da dualização social, gerando a exclusão da maioria da população. Durante essa primeira época, os valores democráticos e igualitários da obra de Freire foram perseguidos pelas propostas pós-modernas que proclamavam o fim das alternativas emancipadoras, sem defender o diálogo, a democracia e a igualdade.

Os movimentos sociais igualitários e a intelectualidade crítica foram abrindo espaço para uma alternativa progressista: uma sociedade da informação para todas as pessoas. Paulo Freire desempenhou um papel-chave no surgimento dessa alternativa, proclamando que a questão estava em "transformar as dificuldades em possibilidades"[168] e escrevendo que "uma das tarefas mais importantes para os intelectuais progressistas é desmistificar os discursos pós-modernos sobre a inexorabilidade desta situação".[169]

Exemplificando esse papel relevante, lembro-me muito bem das conversas que tive com Freire, Nita, Donaldo e Castells, por ocasião do Congresso de Barcelona, em 1994, quando Castells ficou muito impressionado com a continuidade do compromisso de Paulo Freire na luta contra as desigualdades. Nesse congresso, realizou uma análise crítica da sociedade da informação, na mesma linha que o fez em seus três volumes sobre a era da informação.

Muitos deterministas consideram antiquadas algumas palavras da *Pedagogia do oprimido:* libertação, compromisso, diálogo. Desconhecedores da dinâmica da sociedade da informação e da atual literatura das ciências sociais, acreditam que superaram o Freire dos anos 1960. Entretanto, não é que o tenham superado; é que, na realidade, ainda não chegaram a ele, já que um número crescente de movimentos sociais e intelectuais está entrando no novo milênio com um reelaborado compromisso na luta pela igualdade e pela democracia, que muitos encontram representado na obra e na vida de Paulo Freire.

---

168. P. Freire, *A la sombra de este árbol*. Barcelona: El Roure, 1997. (Publicação original em 1995).

169. *Ibidem*, p. 25-6.

As sociedades da informação esperam que as Faculdades de Administração ensinem a fazer dinheiro. Mas, uma das coisas que esperam da educação é que ela melhore a sociedade. A *Pedagogia do oprimido* é a obra que demonstra, de maneira convincente e motivadora, que a educação pode fazer esse papel, quando é feita com uma orientação crítica, libertadora e dialógica. Por essa razão, cada vez mais educadores e educadoras abandonam os fatalismos reprodutivistas ou pós-modernos, voltando-se para uma pedagogia da esperança, do diálogo e da transformação. Essas pessoas, e a educação que promovem, descobrem nas obras de Freire reflexões que enriquecem as suas práticas educativas. As sociedades da informação encontram, nessas pedagogias, energias libertadoras e igualitárias que cada vez mais são exigidas por diferentes setores da sociedade.

Entre as muitas experiências que estão sendo realizadas com a orientação dialógica de Paulo Freire, destacaremos duas: tertúlias literárias na educação de adultos e comunidades de aprendizado nas escolas de crianças e jovens.

As tertúlias literárias para pessoas adultas são círculos nos quais pessoas classificadas nos censos de população como "analfabetas" chegam a usufruir da leitura de livros de Kafka, Dostoievski, Joyce ou Cervantes. Essas tertúlias se organizam com base na dinâmica dialógica da educação libertadora proposta por Freire. Esse aprendizado dialógico gera um salto extraordinário na aprendizagem instrumental da Literatura e outras disciplinas (Arte, Filosofia, Política), supondo ao mesmo tempo um incremento de sua participação e solidariedade social.

A transformação de escolas em comunidades de aprendizado faz que as escolas pobres (que preparam milhares de meninas e meninos para sua exclusão das sociedades da informação) transformem-se em comunidades em que todas as pessoas que se relacionam com essas crianças colaboram no aumento do seu aprendizado instrumental e no desenvolvimento da solidariedade. Equipes de professores, famílias, alunos, associações e voluntários dialogam e estabelecem, em consenso, processos de aprendizagem orientados a superar o fracasso escolar e a exclusão das sociedades da informação.

Somente os que desconhecem as dinâmicas dialógicas, tanto das atuais sociedades da informação quanto das recentes ciências sociais, podem surpreender-se que Paulo Freire não seja somente o pedagogo mais referenciado, mas, sim, que sua influência aumente a cada dia.

Todas e todos os que lutamos pela igualdade e contra a opressão nos reportaremos continuamente à sua obra, procurando orientações como a que está em sua *Pedagogia do oprimido*: "Onde quer que exista um homem [uma mulher] oprimido, o ato de amor radica em comprometer-se com a sua causa. A causa da sua libertação. Este compromisso, devido ao seu caráter amoroso, é dialógico."[170]

(MXO)

---

170. P. Freire, *La pedagogia del oprimido*. Madri: Siglo XXI, 1970, p. 107.

27

OS MÚLTIPLOS PAULO FREIRE

Rosa María Torres

"NÃO ME COMPREENDEM", dizia-me em uma entrevista em São Paulo, em 1985. "Não compreendem o que eu disse, o que eu digo, o que eu escrevi."[171] Mistificado por uns, demonizado por outros, incompreendido por muitos, Paulo Freire frequentemente não se sentia reconhecido nas versões de si mesmo, as quais, citando seu pensamento, eram devolvidas pelos teóricos e práticos, setores progressistas e setores reacionários, no mundo inteiro. Várias vezes referiu-se aos seus críticos e aos seus seguidores dizendo que localizassem historicamente as suas obras, reconhecessem a evolução do seu pensamento e sua própria autocrítica, que acompanhassem a sua trajetória mais recente e que lhe permitissem, de uma vez por todas, ter o direito a continuar pensando, aprendendo e vivendo além das suas obras e, particularmente, além de *Educação como prática da liberdade* (1967) e *Pedagogia do oprimido* (1969), duas das suas obras mais conhecidas, nas

171. R. M. Torres, *Educación popular*: un encuentro con Paulo Freire. Quito: Cecca/Cedeco, 1986.

quais muitos seguidores e críticos o deixaram virtualmente suspenso. O Paulo Freire das últimas três décadas, o que morreu em São Paulo em 2 de maio de 1997, é um Freire tanto ou mais vivo do que aquele dos anos 1960 ou 70, mas lamentavelmente desconhecido por muitos.[172]

Seguidores e críticos frequentemente coincidiram em reduzi-lo a uma caricatura de si mesmo, enquadrando seu pensamento em uma única área (em geral, a alfabetização de adultos) e restringindo-o a uma série de clichês e mesmo a um método. Mundialmente, o nome de Freire evoca termos como: *alfabetização, conscientização, educação de adultos, educação popular, educador-educando, educação bancária, círculo de cultura, palavra geradora, tema gerador, universo vocabular e universo temático, diálogo, codificação e decodificação, unidade teoria-prática, ação-reflexão-ação, pesquisa participante, problematização, crítica, pensamento dialético, transformação da realidade, pedagogia do oprimido, cultura do silêncio, invasão e libertação cultural.*

Alguns falam do "método" (ou da "metodologia") Paulo Freire, outros da "teoria" Paulo Freire, outros da

172. Registramos aqui, cronologicamente, com intenção de ajudar o leitor, algumas das principais publicações de Freire (o ano de publicação registrado corresponde à publicação original): *La educación como práctica de la libertad* (1967); *Educación y concientización: extensionismo rural* (1968); *Acción cultural para la liberación* (1968); *Pedagogía del oprimido* (1969); *¿Extensão o comunicación? La concientización en el medio rural* (1969); *Cartas a Guinea-Bissau: Registro de una experiencia pedagógica en proceso* (1977); *La importancia del acto de leer* (1982); *Sobre educación (Diálogos con Sergio Guimaraes)* (1982); *Educación en la ciudad* (1991); *Pedagogía de la esperanza: Un reencuentro con la Pedagogía del Oprimido* (1993); *Profesora si, tía no: Canas a quien pretende ensenar* (1993); *Cartas a Cristina* (1994); *A la sombra de este árbol* (1995); *Pedagogía de la autonomía* (1997).

"pedagogia" Paulo Freire, outros da "filosofia" (e da "filosofia antropológica") de Paulo Freire, outros do "programa" Paulo Freire, outros do "sistema" Paulo Freire. Certa vez, eu lhe perguntei com qual dessas denominações sentia-se mais cômodo. Ele respondeu: "Com nenhuma. Eu não inventei nem um método, nem uma teoria, nem um programa, nem um sistema, nem uma pedagogia, nem uma filosofia. São as pessoas que precisam colocar nomes nas coisas."[173]

Cidadão do mundo, o nome de Paulo Freire permaneceu, não obstante, estreitamente vinculado à América Latina. Na Europa, América do Norte, África e Ásia, muitos educadores identificam a América Latina com ele, assim como tantos outros associam a região à salsa, à guerrilha, à revolução, ao Che, Fidel, Pelé ou Maradona. Talvez seja a América Latina e particularmente o Brasil, seu próprio país, o local onde Freire foi objeto, ao mesmo tempo, da acolhida mais cálida e da crítica mais dura. O certo é que, em vida e mesmo após sua morte, suas ideias e posturas sempre geraram sentimentos fortes, adesões e repúdios apaixonados, interpretações muito diferentes e até opostas ao seu pensamento.

Para alguns, Freire era um subversivo, revolucionário, expoente da esquerda radical, submetido, como tal, à prisão e ao exílio, sendo associado por muitos ao marxismo, ao socialismo e até ao comunismo. Para outros, um educador apolítico, um tíbio "humanista e culturalista", um ideólogo da *conscientização,* sem uma proposta política de genuína transformação social. Para uns, um pensamento complexo,

173. Conversa pessoal com Paulo Freire no Rio de Janeiro, em abril de 1992.

uma teoria e uma práxis educativa avançada. Para outros, um pensamento incompleto, com falta de rigor científico, que necessitava de elaboração teórica, que continuou repetindo a si mesmo e perdeu atualidade.

Dentro e fora da América Latina, muitos admiradores atribuem a Freire questões que, na realidade, fazem parte do legado histórico da tradição educativa democrática em âmbito mundial, na qual ele encontrou fontes de referência e inspiração. Dessa forma, há os que atribuem, como suas contribuições *originais*, as seguintes questões: o respeito ao educando e ao seu saber; o reconhecimento da realidade do educando como ponto de partida e insumo fundamental no processo do ensino-aprendizagem;[174] a importância do diálogo como recurso pedagógico; e até a invenção de termos como *práxis*[175] ou *conscientização*.[176] Ao mesmo tempo, outros negam-lhe toda a originalidade ou reivindicam para si tê-lo "superado" no plano teórico, político-ideológico ou

174. "Campeão de um novo método de ensino, o 'método Paulo Freire', no qual a realidade do educando é levada em consideração no contexto da atividade de aprendizagem." (H. Fuchtner, *apud* M. Gadotti, *et al.* (org.), *Paulo Freire*: uma biobibliografia. São Paulo: Cortez-Unesco-Instituto Paulo Freire, 1996, p. 51.)

175. "Práxis" é um termo trabalhado teoricamente na educação Paulo Freire. Significa "o processo de ação e reflexão que as pessoas realizam sobre o seu mundo com o propósito de transformá-lo". (Em: *Praxis*. Philadelphia: The Philabundance Newsletter, Fali, 1994.) Na realidade, *práxis* foi um termo criado pelos antigos gregos, logo retomado e trabalhado dentro do pensamento marxista.

176. *Conscientização* é um termo que foi criado, em 1955, no ISEB (Instituto Superior de Estudos Brasileiros), ao qual estavam vinculados destacados intelectuais e cientistas sociais brasileiros preocupados com o desenvolvimento nacional e com a construção de um pensamento brasileiro autônomo. Entretanto, foi Freire quem deu destaque mundial a esse termo.

pedagógico, particularmente no terreno da alfabetização e da educação de adultos.[177]

De fato, desde os anos 1970 e até hoje, ininterruptamente, muitos proclamaram ter superado o "método" Freire de alfabetização, o qual é reduzido por alguns a um conjunto de ferramentas e técnicas (técnica da palavra geradora, diálogo entre educador e educando, codificação e decodificação de *slides* etc.) e entendido por outros como uma ampla abordagem de ordem filosófica, sociológica e ideológica (conscientização, pensamento crítico, unidade teórico-prática, transformação social, projeto de libertação etc.).[178] Do mesmo modo, enquanto uns veem Paulo Freire como o iniciador e inspirador do movimento latino-americano de educação popular, outros consideram que a educação popular baseou-se, fundamentalmente, em um distanciamento e superação do pensamento freireano.

A percepção generalizada em relação a Freire, como foi dito, é a de alguém vinculado à educação de adultos;

---

177. "Nosso método — e nisso nos afastamos bastante da mecânica seguida por Paulo Freire — está montado 85% sobre a lógica da linguagem, em suas dimensões visual e auditiva, e somente 15% com base nas experiências da linguagem." (Operación Uspantán, "Materiales Necesarios", Guatemala, mimeogr.) "O desenvolvimento desta nova metodologia de alfabetização de adultos (PRA — Participatory Rural Appraisal) emerge de uma crítica do enfoque freireano que, ironicamente, converteu-se no novo enfoque tradicional da alfabetização." *(Education Action (London)*, n. 2, Actionaid, p. 3, July 1994)
178. "O método de alfabetização que vamos usar não é somente um método de 'conscientização', pois a consciência só não conduz a nada. É um método 'dinamizador' da ação e reflexão do povo." (Equipe de Educação da Coordenadoria de Refugiados Salvadorenhos na Costa Rica. *Cuaderno de Orientaciones para el Alfabetizador,* San José, Costa Rica, 1982).

alguém que criou um método de alfabetização de adultos (conhecido indistintamente como "método" Paulo Freire, "método" psicossocial ou "método" reflexivo-crítico), que ensina a ler e escrever em pouco tempo, não somente a cartilha ou o manual, mas, sim, a própria realidade; alguém que sugeriu o diálogo, a relação horizontal e a igualdade plena entre educadores e educandos; alguém que propôs a educação eminentemente como conscientização e a conscientização como ferramenta para a libertação dos analfabetos, dos oprimidos.

Entretanto, Freire repudiou muitas dessas percepções e as denunciou como falsas leituras de seu pensamento. Certamente, para surpresa de muitos, ele nunca reivindicou ter criado um método, um método para ensinar a ler e escrever, em particular, ou um método educativo, em geral; nem pretendeu, muito menos, ter elaborado uma pedagogia, uma teoria do ensino e da aprendizagem. Por outro lado, insistiu reiteradamente em que sua análise e sua crítica à "educação bancária" não se referiam unicamente ao âmbito da educação de adultos, mas, sim, à educação como um todo e, além disso, à sociedade para a qual essa "educação bancária" servia de base. A alfabetização de adultos — como sempre repetiu Freire — foi apenas o ponto de partida e de intervenção que lhe permitiu olhar criticamente a totalidade do fenômeno educativo.

> Muita gente pensa que eu desenvolvi todos estes temas porque sou especialista em alfabetização de adultos. Não, não e não. Não é assim. É lógico que a alfabetização de adultos é algo que eu estudei profundamente, mas

estudei este tema devido a uma necessidade social do meu país, como um desafio. Em segundo lugar, estudei a alfabetização de adultos dentro do contexto da educação e dentro do contexto de referência da teoria do conhecimento, mas não como algo em si mesmo, porque como tal não existe.[179]

Nesse sentido, ele se distanciou dos que, até citando o seu pensamento, entenderam como equivalentes educação popular e educação de adultos, ou a mudança educativa e a educação não formal: "A educação popular não se confunde nem se restringe somente aos adultos. O que caracteriza, o que define a educação popular não é a idade dos educandos, mas sim, a opção política."[180]

Da mesma forma, negou enfaticamente ter promovido o equívoco de uma relação de ensino-aprendizagem na qual se anule o papel do educador e a diretividade necessária do ato de ensinar: "O educador que diz que é igual aos educandos ou é demagogo, ou mente, ou é incompetente. Toda educação é diretiva, e isto já foi dito na *Pedagogia do oprimido*."[181]

Paulo Freire foi copiosamente analisado à luz dos grandes pedagogos e pensadores vinculados à educação e comparado com eles. Muitos o associaram ao movimento da "escola ativa" e estabeleceram nexos de todo tipo com alguns dos seus impulsores (Dewey, Decroly, Montessori,

179. To Know and to Be: A Dialogue with Paulo Freire, *Youth Affairs*, Nova Déli, junho, 1979.

180. P. Freire, *Pedagogia do Oprimido*.

181. *Ibidem*.

Claparede, Freinet). Outros uniram os nomes de Freire e Illich em torno da proposta desescolarizadora. Em ambos os casos, Freire respondeu, diferenciando-se.

Em relação às propostas da "escola ativa", disse:

> A escola ativa efetivamente trouxe contribuições muito importantes a nível metodológico. Criticava a relação entre educadores e educandos e criticava também a fragmentação da escola tradicional, mas não ultrapassava este limite da crítica. Eu critico o que a "escola nova" criticava da escola tradicional, mas critico também o modo de produção capitalista.[182]

Quanto à proposta desescolarizadora de Illich — pois a posição de Freire nunca foi destruir ou negar a escola, mas, sim, transformá-la — declarou:

> A impressão que se tem quando estudamos Illich é que a escola, como instituição, aparece como possuindo uma essência demoníaca, o que equivale dizer que é imutável. No meu entender, somente ao analisar a força ideológica que está por trás da escola como instituição podemos compreender o que ela é, mas pode deixar de ser.[183]

Freire não foi alheio à crítica nem à autocrítica em torno de sua obra. Em numerosas oportunidades reconheceu ingenuidade, subjetividade, ambiguidade e falta

---

182. *Ibidem.*
183. *Ibidem.*

de clareza político-ideológica nos seus primeiros escritos, e uma quota de responsabilidade no que ele considerava "apropriações" ou falsas leituras do seu pensamento.

Particularmente, muitas vezes referiu-se à ingenuidade inicial da sua noção de conscientização. "Estava ideologizado, ingenuizado como pequeno burguês intelectual", já admitia em 1973.[184] "Comecei a me preocupar com o uso da palavra 'conscientização'. O desgaste que esta palavra sofreu na América Latina e depois na Europa foi tal que há cinco anos ou mais eu não a utilizo", dizia em 1974.[185] "A leitura menos ingênua do mundo ainda não significa, todavia, o compromisso com a luta pela sua transformação, muito menos a própria transformação mesma, como parece pretender o pensamento idealista", salientava em 1986, em Paris, ao receber o prêmio "Educação pela Paz", da Unesco.

A atualidade (ou não) de Freire

A atualidade (ou não) de Paulo Freire é um tema que está em discussão há algum tempo. No caso da América Latina, o campo está novamente dividido entre os que veem em Freire um pensamento antiquado e preso a um determinado contexto e momento histórico e os que, por outro lado, defendem a plena vigência de sua obra. Um breve olhar pela educação latino-americana ao longo das três últimas décadas traz algumas luzes nesse sentido.

184. P. Freire.
185. P. Freire, 1974.

No que diz respeito ao campo específico da alfabetização/educação de adultos nos anos 1970, e até meados dos 80, a grande maioria dos programas e campanhas mencionava Freire e dizia inspirar-se, de alguma maneira, nas suas proposições. Dentro do movimento de *educação popular*, ele era uma referência inevitável, seja para incorporá-lo ou para diferenciar-se dele. Hoje, a reconhecida "crise" desse movimento, bem como sua "refundamentação", é para alguns, entre outras coisas, deixar Freire para trás e, para outros, voltar a ele mediante uma releitura crítica e contemporânea de seu pensamento e de sua obra.[186]

O impulso que a alfabetização infantil adquiriu nos últimos anos, com base em teorias, enfoques e metodologias renovadoras dentro do âmbito escolar, reativou a menção e o debate em torno de Paulo Freire e sua comparação com autores como Piaget, Vygotsky ou Ferreiro. Do encontro entre alfabetização de adultos e alfabetização infantil começaram a surgir constatações sobre a proximidade entre as proposições de Freire e aquelas do construtivismo, em relação a premissas tais como: o respeito ao mundo e à experiência do educando; as visões da aprendizagem e do processo pedagógico; o educando como sujeito e não como objeto; a alfabetização como ato criador e como ato de conhecimento, não como apropriação de uma simples

186. No que se refere a essa segunda postura, ver, por exemplo: R. M. Torres, *Educación popular.* De críticos a constructores: educación popular, escuela y "éducación para todos". Educación de adultos y desarrollo (Bonn), n. 47, IZZ-DVV, 1996; P. Pontual, A contribuição de Paulo Freire no debate sobre a refundamentação da educação popular. Vitória, 1996 (mimeogr.); R. Aramendi, Al que entra a un debate sin que lo llamen, lo echan sin que se vaya. Educación de adultos y desarrollo (Bonn), n. 47, IZZ-DVV, 1996.

técnica; ou o aprendizado da língua escrita como um aprendizado inseparável do contexto.[187]

Em relação ao campo educativo, em geral, se percorrermos a produção intelectual vinculada à educação latino-americana ao longo das três últimas décadas, nós perceberemos que a menção de Freire no texto e na bibliografia de tais publicações, abundante nos anos 1970 e início dos 1980, foi diminuindo sensivelmente e até desaparecendo. Esse *dégradé* coincide com o ideário que orientava a educação latino-americana nesses anos, organizado em torno de objetivos de *desenvolvimento, democratização e transformação social.*

Nesse contexto, Freire e outros ideólogos e pensadores da educação — desde campos variados como a filosofia, a sociologia, a história, a ciência política, a antropologia ou a linguística — foram sendo substituídos, gradualmente, por economistas, administradores e/ou tomadores de decisões no campo educacional, macroestudos multinacionais centrados no provimento de informações e pesquisa quantitativa, além de novos atores protagonistas no cenário educativo internacional, tais como o Banco Mundial.[188]

---

187. Ver, por exemplo: UNESCO-OREALC. Alternativas de alfabetización en América Latina y el Caribe (Seminário Regional, Brasília, 1987), Santiago, 1988; R. Hara, *Alfabetização de adultos. Ainda um desafio.* São Paulo: Cedi, 1991; V. M. M. Ribeiro *et al. Metodologia da alfabetização*: pesquisas em educação de jovens e adultos. São Paulo: CEDI-Papirus, 1992; F. Becker, Da ação à operação: o caminho da aprendizagem: Jean Piaget e Paulo Freire. São Paulo, 1983. Tese (Doutorado) — Universidade de São Paulo (mimeogr.).

188. Estudos sobre as reformas educativas da década de 1970 na América Latina dedicam, em geral, um espaço especial a Paulo Freire e à influência do seu pensamento no contexto e no momento atual. (Ver, por exemplo: G. Rama (Coord.), *Mudanças educacionais na América Latina, situações e condições.* Unesco-Cepal-Pnud, Fortaleza: Editora da Universidade Federal do Ceará, 1983). Isto não acontece nas reformas educativas dos anos 1990.

Paulo Freire, entretanto, com sua presença, seu pensamento, sua influência sobre o pensamento de outros, nunca perdeu a atualidade. A despeito de que o isolaram nos anos 1970 e o emparedaram entre os limites da alfabetização e da educação de adultos,[189] ele continuou vivo, aprendendo, pensando e escrevendo. Deixou — forçado — o seu Brasil natal, em 1964, e saiu para percorrer o mundo, voltando em 1980 disposto a "aprender tudo de novo", como ele mesmo disse.

Entre 1989 e 1992, Freire foi Secretário de Educação do Município de São Paulo, a cidade mais populosa do Brasil (17 milhões de habitantes). Ao longo desses anos, perdeu sua primeira mulher, Elza, e voltou a casar-se. "Nita me devolveu a vida", comentou-me certa vez. Produziu muitos livros, participou de uma infinidade de conferências e eventos, foi membro de inumeráveis associações, grupos e comitês, e recebeu incontáveis prêmios e homenagens

---

189. A resenha elaborada pelo Banco Mundial sobre o estado do conhecimento quanto à alfabetização de adultos em nível mundial (ver: H. Abadzil, What We Know About Acquisition of Adult Literacy: Is There Hope? *World Bank Discussion Papers*, Washington D.C., n. 245, 1994) inclui Freire na bibliografia a partir de um único livro — *Pedagogia do oprimido* (1968) — e faz uma única menção a Freire dentro do capítulo dedicado ao tema "motivação": "A investigação psicológica sugere que, entre os setores muito pobres, o sentimento apreendido de indefesa pode ser um obstáculo para a motivação... Esta é a situação que o famoso promotor da alfabetização, Paulo Freire, tentou melhorar mediante o aumento da consciência dos pobres em torno de suas propostas e ensinando-os a escrever palavras relacionadas (por exemplo 'pobreza', 'latifundiário')". Ambos os fatos — suspender Freire na década de 1960 e referir-se à conscientização como uma técnica para motivar os pobres a alfabetizar-se — são reveladores de um profundo desconhecimento de Freire e da sua obra.

internacionais, até mesmo a Medalha Comenius, outorgada pela Unesco, em 1994.

Apesar das mudanças, muitos de seus seguidores e críticos pareciam querer remetê-lo inexoravelmente à alfabetização e à educação de adultos. Suas leituras, preocupações e reflexões foram englobando temas muito variados, relacionados sempre com sua obra anterior, mas em um diálogo contínuo com as novas conjunturas e as novas realidades. Assim, o Freire dos anos 1980 e, sobretudo, dos anos 1990 é alguém que trata temas como política e reforma educativa, com aspectos diferentes aos do sistema escolar formal — financiamento, currículo, pedagogia, formação docente, administração —, partindo de uma busca pela qual sempre se empenhou em superar os enfoques setoriais e ir ao encontro da totalidade.

Os professores foram tema e interlocutores cada vez mais destacados no seu pensamento e no seu discurso. Seus últimos livros — em particular *Professora sim, tia não:* cartas a quem ousa ensinar (1993) e *Pedagogia da autonomia* (1997) — foram inteiramente dedicados aos professores e ao tema docente. Sua última obra, por decisão de Freire, teve uma tiragem de 30 mil exemplares (tiragem muito alta para os padrões brasileiros), sendo vendida a aproximadamente R$ 3,00 (US$ 1,80), pois o autor queria assegurar o seu acesso maciço aos professores. A edição, efetivamente, esgotou-se em poucos dias.

Entretanto, não se trata, como bem me corrigia o autor em nossa entrevista em 1985, de um Freire esquizofrênico, dividido em dois: o Freire de ontem e o Freire de hoje. Trata-se de um só em movimento, em permanente estado de aprendizagem e em contínua superação de si mesmo. Mistificado e satanizado quando começava a tornar-se conhecido, convertido muito rapidamente em *teoria* e *método*, defensores e acusadores terminaram lhe negando o direito de equivocar-se e corrigir-se, de avançar e aperfeiçoar, de continuar desenvolvendo e aprofundando as suas ideias, como é permitido a qualquer pessoa e como requer qualquer intelectual sério e honesto.

De fato, quando voltamos a ler Freire sempre encontramos algo novo. Mas, para encontrar algo novo, a própria pessoa precisa ter avançado desde a última leitura.

Os múltiplos Paulo Freire

- Conversando no aeroporto de Bombaim, Índia, um jovem paquistanês revela-me que sua decisão de tornar-se professor foi *arrancada* de si mesmo, depois de ter lido um livro de Paulo Freire.
- O relatório de um programa de alfabetização realizado numa prisão em Santa Lucia, no Caribe inglês, afirma:

> Descobrimos que o método Freire nutre-se da dificuldade, porque as dificuldades formaram parte integral do próprio processo. Antes que inconvenientes insuperáveis, as dificuldades eram problemas a resolver em uma situação de diálogo e a converter-se, dessa forma, em matéria do processo de aprendizagem.[190]

---

190. D. Jules, *Education as Conscientization*: A Case Study of a Prison Literacy Project in St. Lucia. St. Lucia: Folk Research Center, 1978 (mimeogr.).

- Em um livro sobre descentralização educativa na Argentina, afirma-se que os Conselhos de Escolas, criados em 1988, fundamentam-se em princípios inspirados por Paulo Freire, já que a cogestão de pais, alunos e mestres significa "devolver ao povo âmbitos de ingerência e decisão dos quais foram deslocados, no momento da constituição dos sistemas formais de educação, das mãos dos Estados Nacionais".[191]
- Um homem em um trem de Williamsburg a Nova York lia a *Pedagogia do oprimido*. A controladora, ao passar, pergunta-lhe se é verdade que seu autor é comunista. O homem explica que não, que esta é a fama que algumas pessoas deram para desprestigiá-lo, que o que faz Freire é defender a justiça e o ser humano.
- Uma professora de primeiro grau em uma escola do Equador contou-me que trabalha com seus alunos o "método Paulo Freire" o qual, ela explicava, consiste em "que as crianças deem a sua opinião e escrevam com as suas próprias palavras".
- Em um painel sobre alfabetização de adulto, na África, discutia-se se o "método Paulo Freire" é ou não adequado para Botswana. Um expositor afirmou que sim, pois "ajuda a conscientizar, assim como incentiva o diálogo". Um outro expositor discordou, argumentando que "Freire propõe mudar toda a sociedade, e as pessoas

---

191. Em: G. Tiramonti, Descentralización educativa en la Argentina: entre la promesa y el desencanto. In: V. Espínola (Ed.), *La construcción de lo local en los sistemas educativos descentralizados:* los casos de Argentina, Brasil, Chile y Colombia. Santiago: CIDE, 1994, p. 95.

nas comunidades rurais possuem um âmbito limitado de pensamento e ação".

- Em um seminário internacional sobre educação, uma mulher europeia diz que sua filha de oito anos aprendeu a duvidar do que dizem os livros e do que lhe é ensinado na escola. Afirma que sua filha, sem saber, é uma discípula de Paulo Freire.
- Em uma visita a um centro de alfabetização em um bairro da periferia do Cairo, uma das alfabetizadoras me pediu se eu poderia enviar-lhe um livro de Paulo Freire, de quem ouvira falar.
- Em uma reunião sobre a Convenção dos Direitos da Criança, um catedrático norte-americano explica que uma colega sua está desenvolvendo um programa para atender adolescentes com problemas, em uma escola pública nos Estados Unidos, inspirada no "método Paulo Freire".
- O diretor de uma escola rural no Nepal contou-me que leu, há muito tempo, um livro de Paulo Freire (não lembrava o título) e que ali aprendeu que "os analfabetos não são ignorantes e que merecem respeito" .
- Na África do Sul, em 1993, em um congresso nacional sobre educação de adultos, muita gente se surpreendeu ao descobrir que Paulo Freire estava vivo e continuava escrevendo. O regime do *apartheid,* que proibiu sua leitura durante muitos anos, tinha conseguido o seu verdadeiro objetivo: erradicar não somente seus livros, mas o próprio Freire.
- Um programa de capacitação de professores, em Madhya Pradesh, Índia, diz ter encontrado nos textos de Freire e na sua filosofia sobre os oprimidos a inspiração para

delinear os princípios de participação e dignidade docente no qual o programa se fundamenta.

- Um casal de médicos japoneses, que me ajudaram a escolher o menu num restaurante em Tokyo, dizem ter lido e desfrutado dois livros de autores latino-americanos: a *Pedagogia do oprimido,* de Paulo Freire, e *Cem anos de solidão,* de Gabriel García Márquez.

Em todo o planeta, nos lugares e culturas mais diversos, cada pessoa foi encontrando em Freire essencialmente o que necessitava e o que queria encontrar. É precisamente aqui que talvez se radique parte da explicação sobre a multiplicidade de leituras da sua obra. Ninguém saberá nem poderá concordar com o que Freire disse ou não disse. O próprio Freire não teria assumido — e talvez até nem intuísse — a infinidade de "Freires" que as pessoas foram inventando.

Dessa perspectiva, pouco importa se uns o entenderam melhor do que outros, se existiram os que compreenderam realmente o seu pensamento ou não. A maior contribuição de Paulo Freire talvez seja ter conseguido comunicar-se e conectar-se com a fibra mais amorosa e genuína de muitas pessoas — babel de idades, raças, credos, posições econômicas, sociais e ideológicas, níveis educativos, profissões e ocupações — ajudando-as a saberem que existe algo chamado educação e algo chamado pobreza/marginalização/opressão, que existe uma relação entre ambas, que tal relação pode ser tanto de cumplicidade quanto de ruptura, útil tanto para oprimir quanto para libertar.

Paulo Freire, o grande comunicador, o grande inspirador, conseguiu que milhões de pessoas no mundo descobrissem e extraíssem o melhor de si mesmas: seu lado humano, terno, generoso, sua capacidade para comover-se, a convicção e a energia necessárias para converter-se em voluntário, em inventor, em herói, em revolucionário. Em um mundo em que se agigantam velozmente tanto a riqueza como a pobreza, no qual o individualismo arrasa com o sentido comum e com a mais básica solidariedade, onde proclamam não só o fim das ideologias, mas também o fim do trabalho, Freire continuou falando, até o último momento, de esperança, de libertação e de utopia, palavras que muitos já consideram fora de moda e em desuso.[192]

É isto, decididamente, o que perpassa toda a sua vida e o que confere grandeza à sua obra: sua mensagem de esperança, de luta, de perseverança, de não resignação, de não claudicação. Freire nos deixou um legado que é muito maior, atual e duradouro, do que qualquer teoria educativa e qualquer método de alfabetização possam ser.

(MXO)

192. "Eu queria morrer deixando algumas palavras de luta", dizia-me precisamente em uma última entrevista realizada em 1994 (publicada em: *Novedades Educativas*, Buenos Aires, n. 79, 1997).

28

Comunicação e cultura no fim do século XX: a atualidade de Paulo Freire

Venício A. de Lima

> Na comunicação se dá a "coparticipação dos sujeitos no ato de pensar" ... Implica uma "reciprocidade que não pode ser rompida" ... A [educação é] comunicação, é diálogo, na medida em que não é a transferência de saber, mas um encontro de sujeitos interlocutores que buscam a significação dos significados.[193]

Poucos são os autores das ciências humanas e sociais, neste fim de século XX, que conseguem sobreviver ao seu próprio tempo. Vivemos um período da história no qual as mudanças, além de radicais, acontecem em grande velocidade. Dessa forma, os paradigmas explicativos sobre o homem e seu lugar no mundo, bem como as análises e interpretações daí decorrentes, tornam-se obsoletos, ainda

193. P. Freire, [1968], *Extensão ou Comunicação*. Rio de Janeiro: Paz e Terra, 1971, p. 67-9, passim.

no *lifetime* de seus autores. Um breve retorno aos textos que há apenas trinta anos orientavam a pesquisa e a reflexão sobre os problemas sociais no Brasil e na América Latina, ou eram referência obrigatória nas universidades de todo o mundo, revelará um índice extremamente alto de obsolescência precoce. Além disso, não há mais paradigmas universais, proclamam os pós-modernos!

Apesar dessa realidade, que é uma das características da transitoriedade contemporânea, alguns poucos autores conseguem sobreviver às mudanças e permanecem fecundos e atuais, mesmo depois de seu próprio tempo. Este é certamente o caso de Paulo Freire.

Creio ter sido um dos primeiros a trazer as ideias de Freire para o campo dos estudos de Comunicação, ainda na década de 1970. Fora do Brasil, além da Educação, ele já era amplamente estudado em outras áreas — Filosofia, Serviço Social, Teologia, Linguística — mas poucos haviam se dado conta do potencial teórico de suas ideias para o estudo da Comunicação e da Cultura.

Influenciado pelos emergentes *American Cultural Studies,* tinha esperança de encontrar a especificidade de uma possível vertente teórica latino-americana e/ou brasileira e pareceu-me apenas natural procurar as pistas da especificidade que buscava na teoria e na prática de Paulo Freire. Embora essa especificidade — geográfica, histórica e cultural — tenha se revelado inexistente, a pesquisa deixou claro que Freire antecipou o que viria a ser consagrado pelos Cultural Studies americanos, mas, especialmente, pelos British Cultural Studies, que se constituíram em torno do Center for Contemporary Cultural Studies, em Birmingham.

Com base no trabalho que desenvolveu como consultor internacional das Nações Unidas, em projetos de reforma agrária e extensão rural, no Chile, na década de 1960, Paulo Freire identificou a necessidade de se repensar a comunicação *como* cultura. Cultura e comunicação, no sentido amplo de ter em comum, compartilhar, estar conectado pela mesma teia simbólica construtora de sentido, dentro de um contexto histórico desigual e contraditório.

O que torna a contribuição de Freire singular e original é que ele foi à raiz conceitual da ideia de comunicação e nela incluiu a dimensão política da igualdade, de ausência da relação desigual de poder e de dominação. Comunicação implica um diálogo entre sujeitos mediados pelo objeto de conhecimento que, por sua vez, decorre da experiência e do trabalho cotidiano. Ao definir a comunicação como relação entre sujeitos — necessariamente iguais — toda relação de poder fica excluída. O próprio conhecimento, gerado pelo diálogo comunicativo, só será verdadeiro e autêntico quando comprometido com a justiça e a transformação social. A comunicação é, por definição, *dialógica*. Fora dessas premissas, não há comunicação, não se produz cultura. O que se tem é a incomunicação e a "cultura do silêncio".[194]

A emergência de novas e revolucionárias tecnologias, neste final de século, obriga a uma rediscussão conceitual

194. Sobre a singularidade de Paulo Freire ver V. A. Lima, C. Christians: Paulo Freire: The Political Dimension of Dialogic Communication. *Communication,* v. 4, n. 1, p. 133-55, 1979. Uma tradução desse texto foi publicada em *Síntese,* v. IV, n. 16, p. 111-30, 1979.

da Comunicação, cada vez mais interligada à Cultura. Esse, aliás, é um aspecto fundamental que ainda não foi absorvido na sua devida proporção pelos teóricos do campo intelectual da Comunicação. Não é mais possível continuar operando como se as novas tecnologias não estivessem a transformar o próprio *objeto* da área. É necessário que se construa uma nova perspectiva teórica integradora que dê conta dessa realidade tendencial, na qual a comunicação social se confunde com a comunicação interpessoal, e as telecomunicações e a informática se imbricam criando "virtualidades reais" e uma nova cultura virtual "real".

Tudo isso ocorre porque a *revolução digital* — a possibilidade de redução de textos, sons e imagens a *bits* (à *digitalização)* — está dissolvendo as fronteiras entre as *telecomunicações*, a *comunicação social* e a *informática,* isto é, está provocando a *convergência tecnológica* entre o telefone, a televisão e o computador, ou entre a televisão, a *internet* e o computador. As diferentes tecnologias que eram necessárias para as várias transmissões analógicas — telégrafo para texto, telefonia para voz, radiodifusão para sons e imagens etc. — estão sendo substituídas por redes digitais integradas por usos múltiplos — via cabo ótico, satélites ou radiodigitais, eles próprios avanços tecnológicos fundamentais.

É essa *convergência tecnológica* que está fazendo emergir um novo campo intelectual integrado, englobando as três áreas até agora separadas e demandando um radical repensar teórico e conceptual. Dessa forma, a construção de paradigmas *diferentes* para orientar o estudo e a pesquisa da Comunicação — vale dizer, das *telecomunicações*, da *comunicação social* e da *informática* — passa a ser, progressivamente, além de desnecessária, inadequada e fundada em uma realidade em transformação, que em pouco tempo deixará de existir.

Qual a contribuição que as ideias de Paulo Freire podem trazer para essa nova configuração do campo intelectual da Comunicação?

Uma das *tendências,* particularmente promissora, que pode ser identificada como característica do novo cenário tecnológico, integrado e integrador, é a *interatividade,* isto é, a possibilidade de interação simultânea entre emissor e receptor (leitor e/ou espectador). Pois bem, a ausência dessa interação emissor-receptor sempre foi um dos elementos definidores da comunicação social ou comunicação de "massa". Na imprensa, no rádio, na TV e no cinema, a *unidirecionalidade* da produção e distribuição simultânea e uniforme de mensagens, que não podem ser alteradas, para grandes leitores/audiências, é um dos traços fundamentais. A própria noção de "massa", inicialmente herdada da sociologia europeia, de forma acrítica, referia-se à sociedade recém-saída da Revolução Industrial, homogênea e composta por indivíduos anônimos, com pouca ou nenhuma interação entre si. As sociedades deste fim do século XX, que já estão sendo chamadas de "sociedades interativas", são, certamente, muito diversas dessa sociedade de massas idealizada no século XIX.

No Brasil, a introdução de novas tecnologias como o PC, o fax, a telefonia celular e a *internet,* além da recente expansão da telefonia fixa, tornou possível a participação em tempo real — ainda muito restrita, é verdade — de leitores/

espectadores interferindo diretamente na cobertura e/ou programação da *mídia,* isto é, possibilitou uma forma até aqui inédita de interatividade emissor-receptor (potencialmente *dialógica?)* na chamada comunicação de "massa".

Certamente, aqueles que se interessam em compreender o homem e seu lugar no transitório mundo contemporâneo, muito se beneficiariam se tomassem como referência a definição *dialógica* de Comunicação e Cultura que Freire desenhou nos idos dos anos 1960. É nesse novo tempo histórico que a contribuição de Paulo Freire se revela atual e suas ideias ainda criativas e desafiadoras.

PARTE 3

Criação da Cátedra Paulo Freire

Criação da Cátedra Paulo Freire pelo Programa de Pós-Graduação em Educação – Currículo da Pontifícia Universidade Católica-SP

Justificativa

Após longo exílio, Paulo Freire, cidadão do mundo (como ele próprio afirmou em seu retorno), é acolhido pela PUC-SP. Dentro desta Universidade e no Programa de Pós-Graduação em Educação–Currículo,[195] que desenvolve suas atividades acadêmicas até 1997, quando de sua morte.

Em homenagem à memória do maior educador do país, e que o mundo consagrou como um dos maiores deste século, a PUC-SP criou a Cátedra Paulo Freire. Será um espaço privilegiado para o desenvolvimento de pesquisas/estudos em nível de Pós-Graduação, sobre a obra de Paulo Freire e suas repercussões teórico-práticas para educação dentro e fora do Brasil.

O Programa de Pós-Graduação em Educação–Currículo, local onde o Mestre lecionou, orientou e pesquisou durante seus últimos dezoito anos de atividade acadêmica, assumirá a responsabilidade do gerenciamento da Cátedra.

O Programa se encarregará de propor atividades, divulgá-las e realizá-las semestralmente, recebendo pesquisadores interessados em estudar Paulo Freire e sua vasta obra.

195. Na gestão do Reitor Antonio Carlos Caruso Ronca.

A Cátedra estará sempre aberta a pesquisadores de outras instituições de pesquisa e universidades do Brasil e do exterior. Sua inauguração se dará no segundo semestre de 1998, com um Seminário comemorativo dos 30 (trinta) anos da *Pedagogia do oprimido.*

Serão 15 semanas de altos estudos sobre a mais importante obra de Freire, que ficarão a cargo da Profª. Dra. Ana Maria Araújo Freire. A historiadora é autora de livros, dentre os quais a *História do analfabetismo no Brasil;* organizadora das notas no livro de Paulo Freire *Pedagogia da esperança:* um reencontro com a *Pedagogia do oprimido.*

Objetivos: 1. desenvolver estudos e pesquisas, em nível de Pós-Graduação, sobre a obra de Paulo Freire, suas repercussões teórico-práticas no Brasil e no exterior; 2. oportunizar o intercâmbio de pesquisadores e interessados no estudo e releitura da obra de Paulo Freire; 3. criar um banco de dados de trabalhos desenvolvidos sobre a obra de Paulo Freire; 4. criar rede de pesquisadores sobre a obra de Paulo Freire; 5. documentar e divulgar a produção e realização da Cátedra Paulo Freire.

Temáticas: 1. 30 anos da *Pedagogia do oprimido;* 2. Alfabetização de adultos; 3. As exigências da prática freireana para a formação permanente dos educadores; 4. Currículo na teoria e prática de Paulo Freire; 5. Ética e política na obra de Paulo Freire; 6. A pesquisa na obra de Paulo Freire; 7. Os fundamentos da obra de Paulo Freire; 8. Repercussões da obra de Paulo Freire no Brasil e no exterior.

Público-alvo: 50 participantes (Mestrandos, Doutorandos, Pesquisadores da PUC-SP e de outras IES). A cada semestre será convidado um docente qualificado para o desenvolvimento das atividades da Cátedra Paulo Freire. O curso terá duração de 15 semanas com 3 horas semanais.

DISCURSOS DA AULA INAUGURAL

Abertura da Cátedra Paulo Freire

Isabel Franchi Cappelletti

Como coordenadora do Programa de Estudos Pós-Graduados em Educação: Currículo, que já é para mim um prêmio de confiança dos colegas e alunos, recebo ainda a gratificação maior de abrir esta sessão de lembrança e reconhecimento a Paulo Freire.

Estamos iniciando hoje uma atividade pedagógica — Cátedra Paulo Freire — para dialogar com sua sempre presença, através de sua obra, voltada para uma educação democrática, aberta, pública, tendo no horizonte de suas reflexões a exclusão social. Foram páginas e páginas que nos fizeram assumir, a nós e ao mundo inteiro, uma pedagogia dos oprimidos. Nós, que convivemos com Paulo no cotidiano acadêmico, nas discussões, nas ações, que saboreamos a gostosura de suas sínteses, custou-nos um pouco sair do impacto de sua perda. Hoje, estamos felizes de poder homenagear esse grande educador que sobrevive a qualquer morte, desenvolvendo atividades pedagógicas que acreditamos ser como Paulo gostaria que fosse.

Ao falar de Paulo, sua presença tão viva em nós, é como se nos puséssemos ao seu lado, tentando apressar o passo e reorientar a caminhada pelas sendas e sentidos que abriu e construiu.

Não foi somente pelo trabalho e projetos educativos no Nordeste, berço de seus sonhos sempre sonhados, nem pelo seu carisma e nome, que por si só animaram jovens e jovens a integrar-se no Brasil inteiro a um programa de acesso à cidadania dos milhares de analfabetos.

Quando excluído de nosso convívio e de sua geografia, Paulo multiplicou-se, tornando disponível sua prática generosa. Foi sua vida repartida, mais lanterna e espelho do que "estrela", que levou tantos educadores a comprometerem-se com a pesquisa de uma educação democrática.

Paulo Freire era um homem que rompia todos os limites: trans-bor-da-va. Aqui mesmo em nosso Programa criou um núcleo de pesquisa voltado para a temática da exclusão escolar, que hoje representa o espaço ideológico de toda a nossa investigação e ação pedagógica.

Mas, o que mais nos encanta em Paulo é que o renome e o reconhecimento universais não mudaram suas condutas e atitudes. Em suas próprias palavras, sempre recusou os fatalismos, preferindo a rebeldia; nunca se dobrou à tirania e à dureza das circunstâncias em que teve de atuar. Era um homem forte, mas nem por isso impôs ou foi imposto. Nunca o vimos disputando o poder ou as facilidades burocráticas que o prestígio justificado lhe daria. Nunca sua participação em nossos encontros e reuniões se tornou uma presença inibidora. Nunca sua força pessoal nos acuou e nos empurrou além da consciente aceitação. Nunca falou sem dialogar e sem ouvir.

Sempre, mesmo querendo ser discípulo, todos fomos feitos por ele, seus parceiros.

Nesta Cátedra, sua lembrança e sua proposta educacional estarão sugerindo conotações que cada um de nós deve reinterpretar em seu modo de ser e interagir: convivência, partilha, colóquio, disponibilidade, corresponsabilidade, humildade. Não que todos devamos ser reinvenções de Paulo Freire. A unidade de ideias e de um projeto de ação não é resultado de almas gêmeas. Sua força pessoal nos convida ao debate, ao combate, não à disputa e à competição. E sua figura mediadora e moderadora pressupõe a síntese harmônica de nossas diferenças e até mesmo de nossas divergências.

A Cátedra hoje instalada na Pontifícia Universidade Católica de São Paulo não representa somente uma homenagem. Reunimo-nos aqui, pedagogicamente, buscando espaços para a concretização de seus objetivos. Não pretendemos mais um Curso; temos como expectativa o desenvolvimento de estudos e pesquisas, intercâmbio de pesquisadores, criação de um banco de dados de pesquisadores nacionais e internacionais, documentação e divulgação dos trabalhos desenvolvidos.

Por decisão do Colegiado do Programa, convidamos a Profª Ana Maria Freire para assumir o início das atividades neste 2º semestre de 1998, desenvolvendo o tema *"30 anos da Pedagogia do oprimido"*. A documentação deste trabalho significa um importante passo em direção aos objetivos pretendidos.

Em nome dos professores e alunos deste Programa, queremos agradecer à ilustre educadora por ter aceito a responsabilidade da difícil tarefa de colocar os alicerces da Cátedra Paulo Freire.

Queremos agradecer, ainda, ao Magnífico Reitor da Pontifícia Universidade Católica de São Paulo, Prof. Dr. Antonio Carlos Caruso Ronca, que nos honra com sua presença nesta sessão de abertura. Sem seu apoio, por certo este caminho teria dificuldade de ser construído.

Cátedra Paulo Freire: nossa tarefa de revivê-lo e recriá-lo

Ana Maria Araújo Freire

Amigas e amigos de Paulo Freire:

Hoje é dia de festa e de regozijo. Estamos inaugurando a Cátedra Paulo Freire, no mesmo espaço que ele ocupou, com orgulho e responsabilidade, no período fértil de sua maturidade de experiências e de sabedoria provocada por sua inteligência e capacidade criadora.

Foi aqui na e com a PUC-SP que Paulo iniciou mais uma de tantas outras etapas que teve de (re)construir em sua vida. E a última, porque a morte o levou com seus projetos e sonhos, com utopias de construir, com os outros e as outras, um mundo mais justo e mais bonito.

Não podemos esquecer que a última vez que o vimos foi aqui no anfiteatro do TUCA. Inerte, sem vida. Sem olhar, sem tocar. Talvez escutando o nosso choro. Com o semblante transparecendo a mesma dignidade e bondade de sempre. Com um pedaço de giz que lhe puseram nas mãos, não nos deixando esquecer sua vida de mestre que foi para tantos de nós.

Paulo teve uma primeira infância feliz: aprendeu a ler e a escrever com seus pais à sombra das mangueiras frondosas da casa onde nascera. Vieram os tempos difíceis de seu segundo exílio, como gostava de dizer (o primeiro foi ter saído, ao nascer, do útero de sua mãe), em Jaboatão.

Teve o privilégio de ter podido aprofundar o saber sistematizado e de ter se iniciado na carreira docente num dos mais importantes educandários do Recife de então, o Colégio Oswaldo Cruz, de propriedade dos meus pais Aluísio e Genove Araújo onde o conheci.

Conversou *com* e ouviu os trabalhadores de várias áreas de Pernambuco, trabalhando *com* eles no SESI durante dez anos. Aprendeu *com* eles porque praticava a virtude da humildade. Assim, pôde transformar o conversar e o ouvir em dialogar e escutar.

Criou um Método de Alfabetização, dizem muitos. Na verdade, sabemos, uma compreensão revolucionária da educação, porque mostrava caminhos viáveis não só para a leitura da palavra, mas também e dialeticamente para a superação da condição de oprimido, de excluído da sociedade, da leitura certa do mundo.

Defendeu tese e obteve título de Doutor e Livre-Docente pela então Universidade do Recife, escrevendo coisa pouco comum para a época: *Educação e atualidade brasileira*. Sua ousadia lhe custou, entretanto, o 2º lugar no concurso. Continuou lecionando Filosofia e História da Educação para os universitários e servindo à comunidade, em geral, através de várias atividades no Serviço de Extensão Cultural da mesma Universidade.

Perseguiram-no. Conheceu seu terceiro exílio. Bolívia, Chile, EUA e Genebra. ICIRA, Instituto de Desarrolo Agropecuário, Unesco, Universidade de Havard, Conselho Mundial das Igrejas. Livros, títulos, seminários, cursos e assessorias. Viagens, muitas viagens de trabalho, incessantes, por quase todo o mundo, sempre aberto ao diálogo. Dedicação, amor, engajamento total, sacrifícios mesmo, em favor dos oprimidos do mundo. Etapas novas exigindo novos "começares".

Sua sabedoria o fez apreender, pensar e sistematizar as coisas simples, óbvias, que estavam aí para serem vistas, tiradas do cotidiano. Não as guardou para si, socializou seus conhecimentos. Fez-se para isso "o andarilho do óbvio".

Sabia, como muito poucos, escutar e amar. Não só as pessoas e os outros animais, mas também as coisas, os fatos, os gestos, os feitos, as tramas, enfim, o mundo em sua relação com os homens e as mulheres. Fez-se assim um dos maiores educadores políticos deste século.

Num dia de 1979, o então Grão-Chanceler da PUC-SP, Dom Paulo Evaristo Arns, procurou Paulo em Genebra. Na casa dele e de Elza, conversas mil a três vozes sobre o Brasil, sobre nossos problemas da educação de então e, por isso mesmo, sobre a necessária volta de Paulo educador. Naquele momento, argumentava Paulo arcebispo, que não só estaria em foco a vontade de Paulo em voltar para seu *contexto de origem*, deixando assim o de *empréstimo*, mas a necessidade mesma de contar o Brasil novamente com a lucidez e a clareza do pensar e do agir de seus homens e de suas mulheres, que dele tinham sido obrigados a se afastar. O justo medo do retorno nos tempos em que a Anistia não era ainda uma certeza, fez que a conversa de estendesse por mais tempo. O convencimento para a volta, o "SIM!" de Paulo, obtido naquela mesma noite, fez que o tempo alongado do diálogo acarretasse a perda do voo, por Dom Paulo, para São Paulo.

Nesse mesmo ano de 1979, em agosto, Paulo veio reaprender o Brasil. Voltou à Suíça cheio de esperanças num Brasil novo do qual participaria direta e ativamente. Organiza-se. Deixa seu posto no Departamento de Educação do CMI, onde era respeitado e que lhe oferecia excelentes condições materiais e de criação no campo educacional, para se dedicar ao trabalho na PUC-SP. Viveu novamente o gosto de voltar para casa. Tinha sonhado com isso durante quase dezesseis anos. O exílio, entre outras coisas, tinha lhe roubado esse sentir tão simples: o de voltar para casa!

Em cada uma dessas mudanças de endereço, recomeçava uma vida de trabalho numa instância superior de sua práxis educativa, iniciada nos anos recifenses, sem ter jamais perdido seu *endereço* político-ético-pedagógico-ideológico. Sem que demonstrasse cansaço ou se queixasse das perdas anteriores. Tinha consciência disso. Assim, sua decisão de voltar para o Brasil, que implicava um novo começar, não o amedrontou. Tinha certeza de que queria, como pessoa, voltar à sua cultura e como cidadão voltar à sua luta político-pedagógica no seu próprio país.

Assim, chegou Paulo para lecionar na PUC-SP, em junho de 1980, carregando dentro de seu *corpo consciente* não só o seu saber teórico, mas também um saber de experiência feito pelo mundo no campo político-pedagógico-epistemológico, usando palavras tão ao seu gosto. Aprendido nos seus *quefazeres* e no seu constante reconstruir-se. E chegou com essa vontade e essa certeza de quem queria trabalhar aqui no Brasil, com os brasileiros, nesse espaço paulistano que estava podendo lhe dar garantias que o seu Recife tão amado e decantado não lhe podia oferecer naquele momento histórico ainda tão carregado do autoritarismo militar.

Por tudo isso, considero que a criação da Cátedra Paulo Freire, hoje inaugurada pela comunidade acadêmica dessa Universidade, é mais que uma justa homenagem a Paulo, meu marido; é um dever em nome da justiça a um homem que se dedicou a ela, com criatividade, afinco, seriedade e amor, por quase vinte anos de sua vida.

Esperei por esse dia de hoje. Não quero e não devo negar. Falei da importância de que aqui continuasse a ser a *morada utópica*, o lugar privilegiado do pensar Paulo no dia da inauguração da "Sala Paulo Freire", em 19 de setembro do ano passado, exatamente no espaço onde ele, tantas vezes, tinha dialogado educação, pedagogizando-se e pedagogizando seus colegas de trabalho.

Entretanto, longe de mim estava a ideia que viria a presenciar essa Cátedra ser inaugurada, não só pelos antigos companheiros de Programa, que tão entusiasticamente a concretizaram com a anuência da Reitoria, mas por mim mesma, em comunhão com vocês todos.

Inaugurando-a, não só na qualidade de viúva de Paulo, que faria, conforme a praxe, apenas um discurso formal de agradecimento, mas também, ou melhor, sobretudo como uma intelectual freireana que vem lutando, ao lado de outros verdadeiros freireanos, para a perpetuação das ideias, do pensamento, da compreensão de educação libertadora, da práxis político-educativa de Paulo.

Podem ter uma certeza todas e todos os membros dessa comunidade "puquiana": a de que a confiança em mim depositada não será traída ou descuidada. Toda a minha esperança, inteligência e esforço, além de meu amor a Paulo, estou dedicando a essa Cátedra.

Desde o dia 1º de julho, após ter recebido a notícia da criação dessa Cátedra, através da professora Dra. Isabel Capeletti, em nome do colegiado do Programa de Pós-Graduação em Educação: Currículo, do qual é coordenadora, venho me dedicando a revisitar a obra de Paulo, a pensar o que ele pensou, a fazer o planejamento desse 1º Curso da Cátedra, com rigor freireano, mas sobretudo com o espírito, com a generosidade e com a fé na educação e nos e nas educandos que Paulo sempre teve. Planejamento, portanto, dentro dos princípios da dialogicidade ético-antropológico-político-ideológico-epistemológica de Paulo.

Finalizo, porque outros quererão falar e devemos, eu e os alunos que se propuseram a nesse curso se engajar, começar nossas tarefas ainda hoje.

A eles e elas acentuo a nossa responsabilidade de assumir, a partir deste momento, a tarefa de aprofundar os conhecimentos teórico-práticos de Paulo, para assim concretizarmos efetivamente essa Cátedra.

A todos e todas aqui presentes ou não, pertencentes à PUC-SP ou não, não importa, reafirmo meu empenho e interesse na perpetuação do legado de Paulo. É justo, é preciso, é dever e gosto meus.

Retomo o momento em que, radiante, Isabel me participou da "boa nova" e me perguntou se aceitava ser a 1ª professora da Cátedra. Ao que se seguiu de outra chamada telefônica, a de Ana Maria Saul, expressando sua alegria também e me parabenizando.

Por fim, quero agradecer àqueles e àquelas que se envolveram nessa tarefa de criar e desenvolver um centro de pesquisas e estudos freireanos, através da Cátedra Paulo Freire, ligado ao Programa onde ele trabalhou e ao qual tanto serviu. Estaremos juntos nela e por ela porque estamos, espero e confio, *com* Paulo.

Muito obrigada!

Um espaço acadêmico para estudar e pesquisar o pensamento de Paulo Freire: a Cátedra Paulo Freire da PUC-SP

Ana Maria Saul

Palavras iniciais

Depois de sua volta do exílio, Paulo Freire foi convidado para integrar o quadro de docentes da Pontifícia Universidade Católica de São Paulo (PUC-SP). No Programa de Pós-Graduação em Educação: Currículo dessa Universidade, permaneceu pelo período de 17 anos (1980 a 1997). Tive o grande privilégio de partilhar com ele, pelo período de quase duas décadas, o espaço da sala de aula, assumindo a docência dos seminários das terças-feiras à tarde. Posso, por isso, testemunhar com prazer, a coerência entre o *fazer docente* de Paulo Freire e as proposições político-pedagógicas originados de sua reflexão sobre a prática e do diálogo constante que manteve com educadores e educandos de diferentes países.

Poucas são as linhas deste texto para dizer do muito que aprendi com Paulo Freire. Sintetizo a minha experiência de trabalho com ele, enquanto professor e gestor da rede pública de educação da cidade de São Paulo, como um grande aprendizado de política, de teoria e de prática.

Porém, mais do que um aprendizado, a possibilidade de aprender lições de vida com um homem que surpreendia, especialmente pela sua coerência.

Esse texto tem a intenção de apresentar a atualidade do pensamento de Paulo Freire e, em especial, como o seu pensamento vem sendo estudado e recriado, a partir da docência e da pesquisa que se desenvolvem na Cátedra Paulo Freire da PUC-SP.

A atualidade do pensamento de Paulo Freire

A multiplicidade de trabalhos *teórico-práticos* que se desenvolvem sobre e a partir das propostas e práticas de Paulo Freire, em diferentes áreas do conhecimento ao redor do mundo, e a crescente reedição de seus livros — dos quais *Pedagogia do oprimido* se destaca, com mais de 750.000 exemplares publicados em dezenas de idiomas — conferem ao conjunto de suas produções o caráter de obra universal, destacada na literatura e em depoimentos de reconhecidos autores da área da Educação de diferentes países.

António Nóvoa, em *Paulo Freire: política e pedagogia*,[196] livro que organizou com Michael Apple, e que reúne autores de diferentes países do mundo, assim se expressa:

196. Esse livro foi organizado enquanto Freire ainda vivia e seria lançado em Portugal em maio de 1997, com a presença de Freire, por ocasião de um seminário que aconteceria no Algarve. Diante do triste acontecimento de seu falecimento, o lançamento do livro foi adiado para 1998.

> A vida e a obra de Freire estão inscritas no imaginário pedagógico do século XX, constituindo uma referência obrigatória para várias gerações de educadores. [...] As propostas por ele lançadas foram sendo apropriadas por grupos distintos, que as relocalizaram em vários contextos sociais e políticos. [...] A partir de uma concepção educativa própria, que cruza a teoria social, o compromisso moral e a participação política, Paulo Freire é, ele próprio, um patrimônio incontornável da reflexão pedagógica atual. A sua obra funciona com uma espécie de consciência crítica, que nos põe em guarda contra a despolitização do pensamento educativo e da reflexão pedagógica.[197]

O pensamento de Paulo Freire ultrapassa as fronteiras da área da educação *stricto sensu* e se alonga em diferentes campos do conhecimento. As três últimas décadas demonstram considerável ampliação de trabalhos sobre e a partir do legado freireano. No portal da Coordenação de Aperfeiçoamento de Pessoal do Ensino Superior — CAPES, órgão do Ministério da Educação, podem ser encontradas 1843 pesquisas (dissertações e teses) que trabalharam com referenciais freireanos, no período entre 1987 e 2012. Essas pesquisas estão distribuídas nas grandes áreas de Humanas, Exatas e Ciências Biológicas. Nas Ciências Humanas está o maior número das produções, e as pesquisas se localizam na subárea de Educação — com destaque

197. A. Nóvoa, Paulo Freire (1921-1997): A "inteireza" de um pedagogo utópico, in: M. Apple; A. Nóvoa, *Paulo Freire*: política e pedagogia, p. 167-187.

para o campo de Currículo, Formação de Educadores, Gestão, Educação de Jovens e Adultos, Letras, Linguística, Psicologia, Filosofia, Sociologia, Recursos Humanos, Direito, Serviço Social, Ciências Sociais, Ciências da Religião, Ciências da Comunicação, Fotografia, Música e Teatro. Nas Ciências Biológicas foram desenvolvidos trabalhos localizados nos campos de Promoção da Saúde, Enfermagem, Medicina, Nutrição, Fisioterapia, Educação Ambiental e Ecologia Social e Saúde. Na área de Exatas, as pesquisas estão nos campos de Engenharia, Economia, Agricultura, Agronomia, Arquitetura, Ciências da Computação e Design.

O conjunto dessas evidências permite afirmar que Paulo Freire é um clássico. O seu pensamento é novo. Há que se ter cuidado para não confundir novo com novidade. A novidade é passageira, volátil (e educação é terreno fértil para modismos). O novo vem, se instala, muda e permanece porque tem vitalidade, anima (inspira) e estimula. Nesse sentido o pensamento de Paulo Freire é absolutamente atual. A propósito de ser Paulo Freire um clássico, Mário Sérgio Cortella relata uma passagem sobre uma provocação que fez a Paulo Freire, em uma aula inaugural na PUC-SP nos idos de 1986. Ao final da exposição disse: "Paulo, você se considera um clássico? E, se assim o for, o que pensa da frase de Millôr Fernandes: *Clássico é um escritor que não se contentou em chatear apenas os seus contemporâneos*?" Paulo Freire, sem perder a calma e sem falsa humildade respondeu incisivamente:

> Sou um clássico sim. Não porque subjetiva e presunçosamente deste modo me considere, mas porque, como clássico sou considerado por todas aquelas e todos aqueles que encontram em minha obra um instrumento para enfrentar um clássico problema: a existência de opressores e oprimidos. Por isso, enquanto esse problema persistir, quero continuar chateando, incomodando e fustigando os que, contemporâneos meus ou não, defendam a permanência das desigualdades.[198]

A Cátedra Paulo Freire da Pontifícia Universidade Católica de São Paulo

Quando Paulo Freire já não estava entre nós, a Reitoria da PUC-SP aprovou, em sua homenagem, a criação da Cátedra Paulo Freire, no 2º semestre de 1998, por proposta do Colegiado do Programa de Pós-Graduação em Educação: Currículo.

A Cátedra vem sendo compreendida como um espaço singular para o desenvolvimento de estudos e pesquisas sobre e a partir da obra de Paulo Freire, focalizando as suas repercussões teóricas e práticas na Educação e a sua potencialidade de fecundar novos pensamentos. Nesse *locus* de debate são analisadas as repercussões teóricas e práticas do pensamento freireano para a educação, no Brasil e no exterior, numa perspectiva crítica. A Cátedra oferece um curso, a cada semestre letivo, com aulas presenciais, com a duração de 3 horas/aula semanais,

---

198. P. Freire, *apud* M. S. Cortella, Paulo Freire: um pensamento clássico e atual, *E-curriculum*, p.12.

podendo ser frequentada por alunos de diferentes programas de Pós-Graduação da Universidade. Confere aos participantes três créditos acadêmicos, de acordo com o regulamento do Programa de Pós-Graduação em Educação: Currículo. Mais de 700 estudantes, mestrandos e doutorandos, participaram da Cátedra durante os seus 16 anos de funcionamento.

Desde o ano 2000, quando assumi, com responsabilidade e prazer, a coordenação da Cátedra, tenho trabalhado com a inspiração dos referenciais e da prática de Paulo Freire.

Ao longo dos semestres tenho buscado aprofundar o trabalho, nesse espaço acadêmico, de modo que a construção do conhecimento se faça coletiva e cumulativamente, buscando fazer com que a docência seja coerente com os princípios da pedagogia freireana.

Em uma busca vigilante de coerência com esses princípios, necessidade sublinhada por Paulo Freire, minha prática docente tem sido no sentido de criar/recriar uma metodologia de ensino-aprendizado crítico-transformadora na educação superior. O trabalho que tenho construído/reconstruído, nesse espaço acadêmico, tem a perspectiva de não dicotomizar ensino e pesquisa, teoria e prática.

No contexto de ensino-aprendizagem, a prática é trazida para a sala de aula por meio das intencionalidades de pesquisa dos(as) alunos(as), de representações da realidade e *saber de experiência feito* dos(as) educandos(as)-pesquisadores(as). Dessa forma, ensino e pesquisa se interpenetram, mediados por objetos de investigação. Como nos lembra Freire[199], o educando é o sujeito do seu conhecimento, sua

199. P. Freire, *Pedagogia da autonomia*.

aprendizagem não pode estar dissociada do exercício de sua *curiosidade epistemológica.*

A metodologia de trabalho que desenvolvo considera, pois, múltiplos itinerários de estudo e pesquisa dos(as) alunos(as). Quero significar com isso que diferentes focos de trabalho podem ser desenvolvidos simultaneamente, de acordo com os interesses e demandas dos objetos de investigação dos(as) alunos(as), referenciados pela pedagogia freireana.

Nesse espaço acadêmico objetiva-se estudar criticamente o pensamento de Paulo Freire, para compreendê-lo e reinventá-lo. Busca-se atender à orientação e ao desejo de Freire, assim registrados desde o seu livro *Ação cultural para a liberdade*, ao dizer sobre a continuidade de sua obra.

> Quanto aos outros, os que põem em prática a minha prática, que se esforcem por recriá-la, repensando também meu pensamento. E ao fazê-lo, que tenham em mente que nenhuma prática educativa se dá no ar, mas num contexto concreto, histórico, social, cultural, econômico, político, não necessariamente idêntico.[200]

Reinventar o legado freireano significa, na Cátedra Paulo Freire, fazer uma releitura crítica da obra do autor, cuidando, no entanto, de não descaracterizar as suas propostas fundamentais, visando a compreendê-las frente aos novos desafios do mundo. E, sobretudo, construir e

200. P. Freire, *Ação cultural para a liberdade*, p.14.

sistematizar uma práxis coerente com os princípios fundamentais da obra freireana. Rejeita-se, pois, qualquer compreensão de reinvenção que possa significar rompimento com o pensamento do autor para que se "faça tudo de novo". Ao mesmo tempo se entende como necessário exercer uma postura crítica às ações que aproximam ou reduzem a filosofia e a pedagogia de Freire a métodos e técnicas, muitas dessas chanceladas por modismos e pela "grife" das chamadas inovações pedagógicas.

A teoria e a prática de Paulo Freire têm sido inspiradoras de várias redes de ensino no Brasil que se comprometem com a educação crítico-emancipadora e assumem o desafio de reinventar o legado freireano.

Na Cátedra têm sido geradas pesquisas e publicações relevantes no escopo de uma pesquisa mais ampla, de âmbito nacional, que investiga o pensamento de Paulo Freire na educação brasileira.

A pesquisa que se desenvolve na Cátedra, *Paulo Freire na atualidade: legado e reinvenção*, tem os objetivos de: a) identificar e analisar a presença e a reinvenção do pensamento de Paulo Freire em sistemas públicos de educação a partir da década de 1990; b) congregar e articular pesquisadores-professores e pós-graduandos de várias regiões do país, constituindo uma rede freireana de pesquisadores; c) subsidiar o fazer político-pedagógico de redes públicas de educação e d) documentar e divulgar os resultados da pesquisa em periódicos científicos e em eventos nacionais e internacionais.

Essa pesquisa teve início em 2004, a partir da orientação de dissertações e teses de pós-graduandos que se interessavam em pesquisar a influência do legado freireano em sistemas públicos de ensino. Uma ação sistematizada a fim de tornar essa investigação mais ampliada e articulada, com a forte intenção de criar uma rede freireana de pesquisadores, ocorreu a partir de 2010, quando a pesquisa que se desenvolvia na Cátedra Paulo Freire foi submetida ao Edital Universal 14/2010, do Conselho Nacional de Desenvolvimento Científico e Tecnológico (CNPq). Pretendeu-se, pois, adensar a massa crítica de informações sobre a influência e a reinvenção do pensamento de Paulo Freire, com a expectativa de que os resultados contribuíssem para a criação/recriação de políticas e práticas educativas nos sistemas de ensino, com especial destaque para o currículo, na perspectiva crítico-emancipadora. A primeira edição desse projeto, com apoio do CNPq, foi concluída em 2012 e a segunda tem vigência com o apoio dessa agência de fomento até 2015.

O desenho e os procedimentos metodológicos da pesquisa

A crescente produção que tem se desenvolvido em torno do pensamento de Paulo Freire sugeriu que essa pesquisa tivesse abrangência nacional. Isso significou criar um desenho de investigação que pudesse articular pesquisadores e pós-graduandos de várias regiões do país em torno do foco dessa investigação.

Por intermédio dessa pesquisa, a Cátedra Paulo Freire PUC-SP vem construindo um diálogo interinstitucional com vistas à construção e consolidação de uma rede freireana de pesquisadores. Em 2014, integram a rede 28 pesquisadores sediados em 10 estados brasileiros, vinculados a 15 Universidades: UEPA, UFPA, UEC, UFES, UFRN, UFPB, UFPE, PUC-MG, PUC-SP, UFSCAR, USP, UEPG, UFSC, UNISINOS e UNOCHAPECÓ. Essa pesquisa conta com a assessoria de 4 consultores, professores da PUC-SP, UNICAMP, Universidade do Minho/ Portugal e Universidade de Wisconsin-Madison/EUA.

O desenho da pesquisa prevê um trabalho colaborativo no qual os seminários ganham um espaço privilegiado, constituindo-se em momentos de encontro e formação dos pesquisadores, permitindo a tomada de decisões sobre o planejamento e o desenvolvimento da pesquisa. Dessa forma se materializam os princípios da construção coletiva e da dialogicidade freireana.

A metodologia da pesquisa caracteriza-se pela investigação crítica, de abordagem qualitativa. Busca-se apreender a práxis educativa por meio da análise de produções bibliográficas, dissertações, teses, documentos e dados empíricos coletados em estudos de caso que têm o objetivo de analisar como o pensamento de Paulo Freire vem sendo reinventado nas políticas e práticas dos sistemas de ensino.

Na primeira etapa da investigação, realizada em 2011, procedeu-se o levantamento bibliográfico de dissertações e teses registradas no Portal da CAPES, no período 1987 a 2010, com a intenção de mapear o estado das pesquisas desenvolvidas no Brasil a partir de referenciais freireanos. Objetivou-se também, iniciar a análise desses estudos de modo a buscar subsídios que pudessem ser acrescidos ao quadro teórico-metodológico. No plano empírico, no âmbito dessa pesquisa, foram concluídos 17 estudos de caso, registrados em dissertações e teses.

Considerações finais

Os resultados da pesquisa, nessa primeira etapa de investigação, permitem afirmar que o pensamento de Paulo Freire continua vivo, mantém-se em movimento e dialoga com diferentes campos do conhecimento e questões contemporâneas. Na área da educação, os trabalhos pesquisados mostram uma interlocução com aspectos da matriz de pensamento de Paulo Freire que têm, como crivo crítico, a superação de formas hegemônicas de agir e pensar e, em oposição, propõem, com radicalidade, uma educação eticamente comprometida com a educação libertadora e a humanização dos sujeitos.

As evidências apontam, também, para a possibilidade de se trabalhar com uma nova lógica na concepção e na prática de políticas de currículo, à medida que se altera o movimento que define o currículo de cima para baixo, relegando às escolas a aplicação de políticas que são centralmente traçadas, para uma direção que reconhece a escola em seu papel legítimo de conceptora de currículo, no quadro de referência da educação crítica.

O desenho metodológico dessa investigação tem possibilitado consolidar a experiência de produção de conhecimento em rede, o que lhe confere um aprofundamento horizontal e vertical. Dessa forma, é possível captar tanto a abrangência dos fenômenos estudados como aprofundar a análise dos resultados encontrados.

Pode-se afirmar, a partir dos resultados evidenciados nas pesquisas conduzidas até o momento, e pela ampliação dos movimentos em torno do pensamento freireano, que a conclusão de Moreira,[201] assinalando ter sido a pedagogia freireana uma referência fundamental para as políticas de currículo nos anos 1990, também se anuncia neste novo milênio. O pensamento de Paulo Freire segue sendo, pois, uma matriz importante para o desenvolvimento de políticas de currículo que assumem o compromisso com a educação democrática, defendida por todos aqueles que proclamam o direito e o dever de mudar o mundo, na direção de um projeto social fundado na ética do ser humano e em princípios de justiça social e solidariedade.

Referências

CORTELLA, Mário Sérgio. Paulo Freire: um pensamento clássico e atual. *E-curriculum*. São Paulo, v. 7, n. 3, dezembro de 2011. Disponível em: <http://www.pucsp.br/ecurriculum>. Acessado em: 19/07/2014.

FREIRE, Paulo. *Ação cultural para a liberdade*. 5ª edição. Rio de Janeiro: Paz e Terra, [1975] 1981.

______.*Pedagogia da autonomia*. Rio de Janeiro: Paz e Terra,1997.

201. Antonio Flavio Barbosa Moreira, Propostas curriculares alternativas: limites e avanços, in: Marlucy Alves Paraíso (org.), *Antonio Flavio Moreira, pesquisador em currículo*. p.133-157.

______. *Pedagogia do oprimido*. Rio de Janeiro: Paz e Terra, 1974.

MOREIRA, Antonio Flavio Barbosa. Propostas curriculares alternativas: limites e avanços. In: PARAÍSO, Marlucy Alves (org.). *Antonio Flavio Moreira, pesquisador em currículo*. Belo Horizonte: Autêntica, 2010. p.133-157.

NÓVOA, António. Paulo Freire (1921-1997): A "inteireza" de um pedagogo utópico. In: Apple, Michael W.; NÓVOA, António (orgs.). *Paulo Freire*: política e pedagogia. Porto: Porto Editora, 1998. p.167-187.

SAUL, Ana Maria. A construção do currículo na teoria e prática de Paulo Freire. In: Apple, Michael e Nóvoa, António. (orgs.) *Paulo Freire política e pedagogia*. Lisboa: Porto Editora, 1998. p.151-166.

Biografia dos autores

Alípio Casali
Professor titular do Departamento de Fundamentos da Educação, da Pontifícia Universidade Católica de São Paulo (PUC-SP) e docente-pesquisador do Programa de Pós-Graduação em Educação: Currículo, da mesma universidade.

Ana Mae Barbosa
Professora titular da USP e da Anhembi Morumbi.

Ana Maria Araújo Freire
Graduada em Pedagogia pela Faculdade de Filosofia, Ciências e Letras de Moema (1975) é mestre em Educação: História, Política, Sociedade, pela PUC-SP (1980) e doutora em Educação: Currículo, pela mesma universidade (1994). Atualmente se dedica a organizar, publicar e divulgar a obra de Paulo Freire, como sucessora legal do educador.

Ana Maria Saul
Doutora pela PUC-SP onde é professora titular no Programa de Pós-Graduação em Educação: Currículo. Integra a linha de pesquisa Políticas públicas, reformas educacionais e curriculares e coordena a Cátedra Paulo Freire da PUC-SP. É pesquisadora do CNPq.

Antonio Fernando Gouvêa da Silva
Professor adjunto da Universidade Federal de São Carlos — Campus Sorocaba.

Arantxa Ugartetxea
Mestre em Educação. Licenciada em Pedagogia. Membro da Sociedade de Estudos Bascos Eusko Ikaskuntza, Espanha.

Arve Brunvoll
Professor doutor em Filosofia. Professor da Academia norueguesa de professores e da Escola de Religião e Educação de Bergen, Noruega.

Balduíno Antonio Andreola
Doutor em Ciências da Educação pela Université Catholique de Louvain, mestre em Educação pelo PPG/EDU da Universidade Federal do Rio Grande do Sul e em Psicopedagogia pela Université Catholique de Louvain; Balduíno é professor do mestrado em Educação do Centro Universitário La Salle — UNILASALLE de Canoas desde 2006.

Célia Linhares
Doutora em Educação pela Universidade Nacional de Buenos Aires e pós-doutora em Educação pela Universidade Complutense de Madrid e pela Universidade de Londres. Livre-docente em Filosofia da Educação pela Universidade Federal Fluminense, onde recebeu o título de Professora Emérita. Professora-visitante nacional CAPES com atuação

no Programa de Pós-Graduação em Educação no Instituto Multidisciplinar da Universidade Federal Rural do Rio de Janeiro.

Danilo R. Streck

Professor do Programa de Pós-Graduação em Educação da Unisinos; editor do International Journal of Action Research; co-organizador do *Dicionário Paulo Freire.*

Donaldo Macedo

Professor na Universidade de Massachusetts — Boston, EUA — e diretor do Programa de Doutoramento em Linguística Aplicada nesta mesma universidade, Donaldo Macedo tem uma vasta obra de investigação do domínio da linguística e da educação, sendo considerado por muitos como o grande discípulo de Paulo Freire nos Estados Unidos da América.

Fábio Manzini Camargo

Participante do primeiro curso da Cátedra Paulo Freire da PUC-SP. Professor de cursos de graduação nesta universidade e nas Faculdades Integradas Campos Salles. Mestrando do Programa de Educação: Currículo, da PUC-SP.

Frei Carlos Josaphat, OP

Teólogo Dominicano, professor emérito da Universidade de Fribourg, Suíça, é autor, dentre outras obras, de *Ética Mundial* (Ed. Vozes) e *Tomás de Aquino e Paulo Freire*, no prelo. Com 92 anos, continua lecionando, pregando e escrevendo.

Heinz-Peter Gerhardt

Professor doutor na Universidade Federal Técnica para Administração Pública em Bruehl/Colônia, Alemanha; professor e pesquisador-visitante na Universidade São Jose (Educação) em Macau/China e na Universidade de Lisboa (Letras).

Henry A. Giroux

Atualmente é professor do Departamento de Estudos Culturais e Inglês da Universidade McMaster e, na Universidade de Ryerson, é professor-visitante. Seus livros mais recentes intitulam-se *America's Educational Deficit and the War on Youth* (Monthly Review Press, 2013) e *Neoliberalism's War on Higher Education* (Haymarket Press, 2014).

Isabel Franchi Cappelletti

Graduada em Pedagogia pelas Faculdades Metropolitanas Unidas (1970), mestre em Educação: Currículo, pela PUC-SP (1986) e doutora em Distúrbios da Comunicação Humana (Fonoaudiologia) pela Universidade Federal de São Paulo (1989), foi professora da PUC-SP até seu falecimento em 8 de janeiro de 2014.

Ivanilde Apoluceno de Oliveira

Participante do primeiro curso da Cátedra Paulo Freire — PUC-SP. Pós-doutora em Educação pela PUC-RIO. Doutora do Programa de Pós-Graduação em Educação — Currículo da PUC-SP. Mestre em Educação — UFPB. Professora do Programa de Pós-Graduação em Educação da Universidade do Estado do Pará.

Joachim Dabisch
Professor doutor da Faculdade de Pedagogia da Universidade Carl Von Ossietzky de Oldenburg. Diretor do Paulo Freire Kooperation, Alemanha.

Joachim Schroeder
Professor doutor do departamento de educação da Universidade de Hamburgo, Alemanha.

Manfred Peters
Professor doutor de Linguística e Diretor da Faculdade de Filosofia e Letras da Universidade Jesuíta Notre Dame de La Paix em Namur, Bélgica. Presidente da Universidade da Paz, fundada pelo prêmio Nobel da Paz Dominique Pire. Desde 1994, é engajado em campanhas de alfabetização na África Central.

Mário Sérgio Cortella
Graduado em Filosofia pela Faculdade de Filosofia Nossa Senhora Medianeira (1975), mestre e doutor em Educação: Currículo pela PUC-SP (1989/1997), este último sob orientação do Prof. Dr. Paulo Freire, Mário Sérgio Cortella atuou por 35 anos (de 1977 até 2012) como professor titular do Departamento de Fundamentos da Educação e da Pós-Graduação em Educação: Currículo da PUC-SP, e durante 30 destes anos, também no Departamento de Teologia e Ciências da Religião. Foi Secretário Municipal de Educação de São Paulo (1991/1992) e Membro-conselheiro do Conselho Técnico Científico Educação Básica da CAPES/MEC (2008/2010).

Maxine Greene

Professora emérita do Teachers College, Universidade de Columbia. PhD (1955) e mestre (1949) pela Universidade de Nova York e Bacharel pela Barnard College, Universidade de Columbia (1938). Detentora de nove graus honorários de universidades em todo o país. Faleceu em 2014.

Miguel G. Arroyo

Possui graduação em Ciências Sociais pela Universidade Federal de Minas Gerais (1970), mestrado em Ciência Política pela mesma universidade (1974) e doutorado (PhD em Educação) pela Stanford University (1976). É professor titular emérito da Faculdade de Educação da UFMG. Foi Secretário adjunto de Educação da Prefeitura Municipal de Belo Horizonte, coordenando e elaborando a implantação da proposta político-pedagógica Escola Plural.

Paulo de Tarso Santos

Paulo de Tarso Santos nasceu em Araxá, em 1926. É um advogado e político brasileiro, eleito deputado federal pelo Partido Democrata Cristão por duas vezes. Foi prefeito do Distrito Federal no governo de Jânio Quadros, ministro da Educação no governo João Goulart (de 18 de junho a 21 de outubro de 1963), período em que lançou e deu suporte ao educador Paulo Freire, para a realização de seu programa de conscientização. Durante a ditadura militar exilou-se por 6 anos no Chile acompanhado de sua família.

Foi Secretário da Educação do Estado de São Paulo no Governo de Franco Montoro, de 1983 a 1987, e diretor do Memorial da América Latina, em São Paulo.

Peter McLaren

Dip Tchg, B.A., B.Ed., M.Ed., Ph.D. [Universidade de Toronto], Ed.D. (*honoris causa*) [Universidade del Salvador, Argentina; Universidade de Lapland, Finlândia]. Professor da Divisão de Ensino Urbano, Escola Superior de Educação e Estudos da Informação, UCLA. Membro emérito do núcleo de estudos críticos da Universidade Chapman na Califórnia, membro da Real Sociedade de Artes e Comércio de Londres e American Educational Research Association.

Acadêmico da Universidade da Califórnia CUBA Academic Initiative. Cooperante Internacional no Centro Internacional Miranda, Caracas, Venezuela. Membro associado da "Cátedra 'Comandante Supremo Hugo Rafael Chávez Frías'", da Universidade de Ciências Pedagógicas "Enrique José Varona" de Havana, Cuba, e da Cátedra "Peter McLaren" da Universidade Bolivariana e do Centro Internacional Miranda, ambos na Venezuela.

Professor honorário da Universidade de Auckland, Nova Zelândia. Docente fundador do Instituto McLaren de Pedagogia Critica y Educacion Popular, México.

Organizou com Mike Peters o livro *Education and Struggle: Narrative, Dialogue, and the Political Production of Meaning* (Peter Lang Publishers).

Ramón Flecha
Doutor *honoris causa* pela Universidade do Oeste de Timisoara e professor de Sociologia na Universidade de Barcelona. Dirigiu o único projeto de ciências sociais e humanas incluido na lista que a Comissão Europeia. Publicou dez investigações científicas de êxito.

Renate Nestvogel
Professora doutora da Universidade de Essen, Alemanha.

Renate Zwicker-Pelzer
Professora doutora na Universidade Católica de Ciências Aplicadas em Colônia, Alemanha.

Rosa María Torres
Pedagoga, linguista, jornalista educacional e especialista em educação básica. Trabalhou em vários países dentro e fora da América Latina. Entre outras ações, foi diretora pedagógica da Campanha de Alfabetização "Monseñor Leonidas Proaño", no Equador (1988-1991).

Venício A. de Lima
Professor titular de Ciência Política e Comunicação da Universidade de Brasília (aposentado) e autor de *Comunicação e Cultura: as ideias de Paulo Freire* (Editora Fundação Perseu Abramo, 2011).

Títulos de Paulo Freire editados pela Paz e Terra

À sombra desta mangueira
Ação cultural para a liberdade – e outros escritos
A África ensinando a gente – Angola, Guiné-Bissau, São Tomé e Príncipe (Paulo Freire e Sérgio Guimarães)
Alfabetização: leitura do mundo, leitura da palavra (Paulo Freire e Donaldo Macedo)
Aprendendo com a própria história (Paulo Freire e Sérgio Guimarães)
Cartas a Cristina – reflexões sobre minha vida e minha práxis
Cartas à Guiné-Bissau – registros de uma experiência em processo
Dialogando com a própria história (Paulo Freire e Sérgio Guimarães)
Educação como prática da liberdade
Educação e mudança
Educar com a mídia – novos diálogos sobre educação (Paulo Freire e Sérgio Guimarães)
Extensão ou comunicação?
Lições de casa – últimos diálogos sobre educação (Paulo Freire e Sérgio Guimarães) (Título anterior: *Sobre educação* – Lições de casa)
Medo e ousadia – o cotidiano do professor (Paulo Freire e Ira Shor)
Nós dois (Paulo Freire e Nita Freire)
Partir da Infância – diálogos sobre educação (Paulo Freire e Sérgio Guimarães)
Pedagogia da autonomia – saberes necessários à prática educativa
Pedagogia da esperança – um reencontro com a Pedagogia do oprimido
Pedagogia da indignação – cartas pedagógicas e outros escritos
Pedagogia da libertação em Paulo Freire (Nita Freire, et al.)
Pedagogia da solidariedade (Paulo Freire, Nita Freire e Walter Ferreira de Oliveira)

Pedagogia da tolerância
Pedagogia do compromisso – América Latina e Educação Popular
Pedagogia do oprimido
Pedagogia dos sonhos possíveis
Política e educação
Por uma pedagogia da pergunta (Paulo Freire e Antonio Faundez)
Professora, sim; tia, não

Este livro foi composto na tipografia Dante MT Std, em corpo 12/15, e impresso em papel off-white no Sistema Digital Instant Duplex da Divisão Gráfica da Distribuidora Record.